しのび寄る「新しい戦前」

ここまで来ている戦争準備

渡辺国男

日本機関紙出版センター

〈もくじ〉しのび寄る「新しい戦前」ここまで来ている戦争準備

プロローグ

「新しい戦前」

22年、年の瀬が押し迫った12月28日放映の「徹子の部屋」（テレビ朝日）は、この年がどんな年だったか振り返った後、黒柳徹子さんが「来年はどんな年になりますか？」とタモリに水を向けた。タモリは「誰も予測できないですよね。でもなんていうかね、新しい戦前になるのじゃないですかね」とふと漏らした。

タモリがこう漏らしたのは理由がある。この番組が放映される10日あまり前の12月16日、改定安保三文書（国家安全保障戦略、国家防衛戦略、防衛整備計画）が閣議決定されているからだ。この三文書の閣議決定で岸田内閣はこれまで歴代政権が踏襲してきた専守防衛を投げ捨て、敵基地攻撃能力保有――中国や北朝鮮に届く先制攻撃が可能な長射程ミサイルを自衛隊に実践装備する安全保障政策の大転換を打ち出した。「大転換」――これは岸田首相自身が述べた言葉である。合わせて5年間で43兆円もの大軍拡が打ち出されている。この額はこれまで対GDP比1％が目安だった軍事費を、23年度以降5年間で2％へ倍増させるために毎年約1兆円ずつ増額する、その積算額である。これまでの5年間の軍事費より17兆円の増額になる。その中には仮想敵国（中国）からの核攻撃、生物兵器、化学兵器の反撃に備えるために、自衛隊主要司令部の地下化や全国の駐屯地約300カ所の2万3000棟を強靭化（構造強化）する費用が含まれている。防衛省は23年度予算案を出す前から基地強靭化の工事発注に向けゼネコンの担当者を集めて説明会までやっている有様だ。

政府は当初使った「敵基地攻撃能力保有」があまりにもおどろおどろしく評判が悪いので、その後小賢しく一撃を受けてから反撃することをイメージさせる「反撃能力保有」と言い換えたが、物事は最初に使われた言葉の方が事の真実を突いていることはこの場合にも当てはまる。

以下本書では最初に使われた用語を使用したい。「反撃能力保有」が反撃されることを想定していること自体、日本が標的になることを意味する。戦争国家づくり推進勢力は改定安保三文書をもって「自分の国は自分で守る」と叫び、23年度予算案がその姿だというが、この三文書に盛られている自衛隊の敵基地攻撃能力の保有は、自分の国を守るどころか、私たちの街や野山が戦場化する真逆の事態を招きかねない。

5年後の27年度には軍事費は11兆円超となり、インドを抜いてアメリカ、中国に次ぐ世界第3位の軍事大国になる。そんなことは憲法9条で「日本国民は、正義と秩序を基調とする国際平和を誠実に希求し、国権の発動たる戦争と、武力による威嚇又は武力の行使は、国際紛争を解決する手段としては、永久にこれを放棄する。前項の目的を達成するため、陸海空軍その他の戦力はこれを保持しない。国の交戦権は、これを認めない」と高らかにうたっている日本にあってはならないことだ。国家財政の3分の1を国債という借金でまかない、短期を含む公的債務残高は1200兆円を超え、GDP比260％に達している。09年財政危機に陥ったギリシャでさえ177％、慢性的財政危機のイタリアでさえ145％、114兆円の超軍事大国アメリカの120％に比べても異常に高い水準にある。大軍拡を進める財政的余裕などないのにこの度外れぶり。

しかもこの大軍拡が「私（バイデン大統領）は広島（G7）を含めて3回、日本の指導者と会った。彼（岸田首相）を説得し、彼自身も何か違うことをしなければならないと考えた。日本は飛躍的に防衛費を増やした」と報道された（23年6月20日）。敵基地攻撃能力保有と大軍拡の震源地はアメリカである。日本政府はこの報道の訂正を申し入れ、ホワイトハウスは訂正に応じたがアメリカの肩代わりをやってくれる同盟国への配慮だろう。そうはいっても43兆円、5年後に防衛費を倍額にする財源ははっきりしていない。いずれ新たな増税を強い、「赤字国債」で軍事費に充てる禁じ手に手を染める恐れがある。社会保障など国民の暮らしに関わる予算が圧縮されることは必至である。

タモリは敗戦の年1945年8月生まれ。筆者と1カ月違いのお兄さんだ。あの戦争の戦中派の世代が消えつつある今日、親たちから戦争の悲惨さを聞かされ、戦後のどさくさを体験している最後の世代である。そうした世代だからこそ、タモリは戦争国家づくりのきな臭さを皮膚感覚で「新しい戦前」と口にしたのだろう。

「新しい戦前」というタモリが発したこの言葉は、SNSやメディアで大きな反響を呼ぶ。「この簡潔な言葉にさまざまなニュアンスが盛り込まれ、今の時代の空気感を表現していて、さすがタモリさんならではである」「何よりこの言葉は、本人がブログやツイッターで発信したわけではなく、徹子さんとの会話の中で自然と出たことがタモリさんらしい」（「日刊ゲンダイ」23年1月5日／ラサール石井「東憤西笑」）。

ドイツ文学者で翻訳家の池田香代子さんは、改定安保三文書の閣議決定を受けて「私たちは戦争する国の3合目まできてしまったかもしれません」（「しんぶん赤旗」22年12月23日）と述べた。また法政大学前総長の田中優子さんは「自民党の改憲草案（2012年）の内容と、岸田政権の安保3文書の改訂に至る政治の流れを見ると日本は明らかに戦時体制に入った」（「全国革新懇ニュース」23年2月号）と述べている。加藤陽子東大教授（歴史学）は、安全保障政策の「大転換」というのに、ろくに審議せず閣議決定でごり押しするのは、日露戦争後に作成された「帝国国防方針」に似ていると指摘する。この方針によって第2次世界大戦に至るまでの日本の侵略戦争が方向づけられた（「朝日新聞デジタル」23年4月7日）。

「今日のウクライナは明日の〝台湾有事〟」

ロシアのウクライナ侵略戦争は泥沼化し、ロシアとアメリカの代理戦争の様相を呈し始めている。戦争は一旦始まったらなかなか終わるものではない。ロシアの侵略に対してウクライナはアメリカやNATO諸国の支援を受けて徹底抗戦するだろうし、ロシアは大国のメンツにかけてウクライナが白旗を揚げるまでやめないだろう。現にプーチンはロシアの友好国・隣国のベルラーシに戦術核兵器を配備すると表明。他方イギリスはウクライナに劣化ウラン弾を供与するという。

戦術核兵器というのは「使う」ことを前提にした核兵器のことである。劣化ウラン弾というのは、堅固な戦車や装甲車などを破壊するために弾芯に鉛の1・7倍という重い比重の貫通力のある劣化ウランを使用した砲弾のことであり、放射線を発し続ける。91年の湾岸戦争で初めて大量使用され、イラク軍兵士や民間人に放射能が原因とみられる健康被害が多発しただけでなく、参戦した米英軍兵士にも同様の被害が出て「湾岸症候群」として論議を呼んだ。

偶発的に核のボタンが押される危険性が高まっている。その間にも双方に無数の犠牲者を生み、多大な被害をもたらす。戦術核兵器にしても劣化ウラン弾にしても放射性物質が撒き散らされ、人類と生物に長時間悪影響をもたらし、何より環境を破壊する。またアメリカは非人道的兵器、クラスター爆弾を供与し、ウクライナで使用開始されたと報じられた。ロシア側も使用したという報道もある。果てしない悪魔の兵器のエスカレート。

だから戦争を始めないこと、戦争を起こさないこと、憲法9条を生かし命がけの外交を尽くして、攻められたり攻められない国づくりをすることこそ決定的に大切なことである。仮に始まってしまったら、どうしたら戦争を終わらせることができるかを伝えることだ。しかしメディアはこれでもか、これでもかとロシアの蛮行やウクライナの悲惨な状況、軍事アナリストまで登場させて戦況を報ずることはあっても、どうしたら戦争を終わらせることができるか、国と国との紛争を未然に軍事衝突や戦争に発展させないために何が必要かを語ることはほとんどない。そうした報道ぶりは新たな憎悪を拡大再生産する。戦争国家づくり推進勢力はその憎悪を「今日のウクライナは明日の台湾」とばかりに、ウクライナ危機を〝台湾有事〟に最大限利用しているように見える。

バイデン米大統領はロシアのウクライナ侵略戦争を専制主義対民主主義のたたかいという構

図で描きだしている。そういう二分構図では世界の圧倒的多数の世論を集めて侵略者を包囲することはできない。国際法と国連憲章が領土、主権を犯すことを禁じた一点で、プーチン、ロシアを包囲すべきである。

着々と進められてきた戦争国家づくり

同じ日本国内でのこととはいえ、石垣島や南西諸島での自衛隊駐屯地の開設と攻撃型長射程ミサイルの配備の動きは、遠い島での〝対岸の火事〟のように思われがちである。しかしそうではない。自衛隊の主要基地司令部などの地下化や全国の自衛隊施設の強靭化計画の動きを見ると、全土で着々と戦争国家づくりが始まっている。さらに43兆円もの大軍拡に海外の軍需企業が売り込みをはかり、国内の軍需企業やゼネコンが活況づいていることに、産業や経済はもちろんのこと、研究分野までもが軍事化する危惧を抱かざるを得ない。

安倍晋三元首相が政権について以降、愛国教育を強調する教育基本法の改定（06年）や特定秘密保護法（13年）、集団的自衛権行使容認（14年）、一連の安全保障法制（15年）、放送法の解釈変更（14～15年）、共謀罪（17年）、それに改定安保三文書（22年）、軍需産業支援法（23年）、防衛力財源確保法（23年）など、ここ十数年のスパンで日本の政治の流れを俯瞰すると、これまた着々と戦争国家づくりの布石が打たれてきていることを実感する。戦争しない国（憲法９条）から戦争できる国（安全保障法制）へ、戦争できる国から戦争する国（改定安保三文書）へ――司馬遼太郎流にいえば「この国のかたち」が変えられようとしている。

先出の池田香代子さんは、アドルフ・ヒトラー率いるナチス・ドイツでナンバー2まで上り詰め、一時はヒトラーの後継者とまで言われた、ヘルマン・ゲーリングの残した言葉を要旨次のように紹介している。「戦争をしたがる国民はいない。けれどその国民を好戦的にするのは簡単だ。敵が攻めてくると言えばいいんだ」（「デモクラシータイムス」23年8月5日「なぜ急ぐ『戦争する国』〜78年目の夏〜」）。「今日のウクライナは明日の台湾」とばかりに〝台湾有事〟が規定事実であるかのように言い、北朝鮮や大陸からミサイルが飛んでくるぞ、くるぞの大合唱。まさにゲーリングの言葉を地でいく話である。

同じく先出の田中優子さんは敵基地攻撃能力保有を〝守ってやるぞ詐欺〟と述べた（「東京新聞」23年4月30日「時代を読む」）。

曰く、チャールズ・ティリーの「政府が市民を守ろうとしている脅威が架空のものであったりするならば、それは『守ってやるぞ詐欺』なのだ。そして『多くの政府は本質的にゆすり屋と同じことを行っている』」という主張を紹介して、「私たちは投票した党に権威を与えている。権威を得た党は国会の議論もなしにことを進めることさえある。本を読んで勉強し、情報を集め、熟慮して投票し、それが『守ってやるぞ詐欺』に引っかからない、唯一の方法だろう」と。

私たちも〝守ってやるぞ詐欺〟に引っかからないために、情報を集め、学習し、賢くなる以外にない。

「戦争が廊下の奥に立ってゐた」は、1941年12月8日対英米戦争開戦の2年前、俳人渡辺白泉が詠んだ句である。庶民が気付かないうちに戦争が密かに始まり、気付いた時には戦争が日常の廊下に立っていた……。石垣島や先島諸島で起きていることは遠い島でのことと思っていたら「戦争が立ってゐた」となってはいけない。

本書はまず、「新しい戦前」の実相を、〝台湾有事〟の矢面に立たされている南西諸島の石垣島など先島諸島に見ておきたい。そのうえで戦争国家づくりの国会論戦と戦争準備に組み込まれている地方自治体の実態——とりわけ筆者が在住する大阪の実態を追い、さらに第一次安倍政権以降の「戦争国家づくり」の布石を俯瞰していきたい。

第1章

標的にされる島

琉球弧と呼ばれる南西諸島は、鹿児島県沖の大隅諸島から台湾までわずか110キロの与那国島に至る、弓状に点在する島嶼《とうしょ》群である。その長さは約1200キロメートル。本州の北端の青森県から山口県に至る距離にほぼ匹敵する。石垣島は沖縄本島から南西に410キロメートル離れており、東京・大阪間の直線距離に相当する。宮古列島や石垣島を含む八重山列島の総称である先島《さきしま》諸島は、南西諸島の台湾寄り南西部に位置する。石垣島や先島諸島は本土からは文字通り遠い島である。石垣島をはじめとするそれらの島々が〝台湾有事〟の矢面に立たされている。

沖縄県の最高峰は沖縄本島にはなく、石垣島の中部に位置する於茂登《おもと》岳である。最高峰と言っても標高500メートルあまりの低山。各県の最高峰に登ることをライフワークの一つにしてきた山好きの筆者は、20年の秋遅く於茂登岳を訪れた。どっしりとした山容を見せる於茂登岳の山頂から北側を望むと、山裾の狭い平坦地の先に広がるサンゴ礁の海原は透き通るようなマリンブルー。その沖に白く泡立つ波濤の帯が目を引く。南側を望むと山裾のなだらかな丘陵地帯にマンゴーやパイナップル畑などが広がる。石垣島は観光と農業が盛んなのどかな島である。この島に終のすみかを求めて移住してくる人も少なくない。そこに陸上自衛隊石垣島駐屯地配備が持ち上がっていた。

石垣島平得大俣《ひらえおおまた》

石垣駐屯地配備の動きは、15年4月配備予定地として島内7カ所が明らかになり、5月左藤章防衛副大臣（当時）が駐屯地配備に向けて調査協力を求める要請を、中山義隆市長が受諾したことに始まる。同年11月26日には、若宮健嗣防衛省副大臣（当時）が石垣市役所を訪れ、「尖閣《せんかく》諸島周辺で中国公船の領海侵入が常態化している」として石垣島に陸自駐屯地配備の受け入れを正式要請する。

当初駐屯地の配備理由は尖閣諸島問題だった。「石垣島の平和と自然を守る市民連絡会」の藤井幸子さんは、尖閣諸島問題について次のように指摘する。

尖閣諸島は日本固有の領土であり、石垣市の行政区です。２０１０年の中国漁船衝突事件後、２０１２年尖閣諸島が国有化。以降、中国公船による接続水域や領海への進入が頻繁になりました。海上保安庁の体制が強化され、大型巡視船が停泊可能な専用の桟橋を石垣港に整備し、港の拠点機能も強化されています。

でもこの（23年）３月退任した第11管区の本部長は会見で『数字上は過去最高を記録しているが、現場感覚ではエスカレートするような現象はなかった』と述べています。しかし今年４月28日に政府は、有事の際には閣議決定を経て、海上保安庁を防衛大臣の指揮下に入れることができるなどとした、統制要領を策定し概要を公表。八重山防衛協会が海自の配備を防衛省に要請したこともあり注視が必要です。

中国とは、２０１４年11月７日に行われた「日中関係の改善に向けた話合い」では、４項目の合意が確認され、その項目には「双方は、尖閣諸島等東シナ海の海域において近年緊張状態が生じていることについて異なる見解を有していると認識し、対話と協議を通じて、情勢悪化を防ぐとともに、危機管理メカニズムを構築し、不測の事態の発生を回避することで一致した」とあります。

石垣市による調査船の派遣や漁業権を持つ自民党市議が尖閣領海へ出漁するなど緊張を煽る動きもあります。冷静な対応が求められます。

海上保安庁は海難救助や海洋汚染の防止、海上での犯罪の予防・鎮圧、犯人の捜査・逮捕、船舶交通の安全などにあたる、非軍事組織（国土交通省外局）である。その海上保安庁が、有事を想定して防衛大臣の指揮下に置かれることが閣議決定されているのだ。想定されている有事とは、尖閣諸島問題ではない。ここ数年叫ばれているのはもっぱら〝台湾有事〟である。それに備えるために陸自の駐屯地を配備しミサイル網を構築しようというものだ。藤井さんは「だから、南西諸島の陸自配備は普通の駐屯地ではありません。ミサイル付きです」と力を込める。

近年沖縄本島以外の南西諸島に陸上自衛隊が配備されたのは、16年の与那国島沿岸監視部隊が最初である。監視するだけなら、と住民は受け入れたが、地対空ミサイル部隊が追加配備されることになり、23年度予算に用地取得費が計上されている。ついで19年奄美大島と宮古島に地対艦・地対空ミサイル部隊と警備隊が配備されている。元々多くの地対空ミサイル部隊がある沖縄本島には、新たにうるま市に地対艦ミサイル部隊が配備された。

頭越しにいきなり駐屯地配備予定地となった石垣市平得大俣地区では、集落ぐるみの反対の動きが瞬く間に広がる。翌年取材に入った「新聞うずみ火」の栗原佳子記者は次のようにレポートしている。

７月に入り、夏本番を迎えた石垣島。のどかな南国の農村風景の中をレンタカーで走ると、「自衛隊配備断固反対」と大きく記された立て看板が数カ所、目に入る。候補地に選定された平得大俣地区に近い開南《かいなん》、嵩田《たけだ》、於茂登の３公民館の連名。公民館は、自治組織の意味を持つ。

……当時、嵩田地区の公民館長だった金城哲浩さん（61）は「これは黙っていたら大変なことになると思いました」と振り返る。同じく候補地に隣接する於茂登、開南の公民館役員と連絡を取り合い緊急に記者会見に臨んだ。３地区とも沖縄本島などからの八重山移民が拓いた純農村地域。あわせて約80世帯、２００人あまりが暮らしている。候補地選定の過程はもちろん、正確な場所や面積なども何一つ情報を開示されない頭越しの「通告」。みな怒り心頭だった（「現代の理論」９号）。

於茂登地区は、沖縄島で基地を造る米軍に追い出された住民の行先として始まった琉球政府最後の計画移民として、１９５７年に北谷町と玉城村（現南城市）から入植し、手作業でジャングルを切り開き、石を出し、農地を広げ入植者が協力し合って築いてきた地域である。

嵩田地区は、戦前は台湾からの移民により開拓がはじまり、水牛やパインやマンゴー生産の礎を築き、第二次世界大戦後、新天地を求めた与那国や宮古島などから自由移民という開拓の歴史がある。大規模な土地改良事業を受けず、農村の原風景を守りながら営農を続けているのも特徴だ。

開南地区は、国の開拓事業により、1934年から入植が始まった地域で、自衛隊が配備されると、その施設に一番近い集落となり非常に不安が大きい。

川原地区も、苦労を重ねてきた開拓集落で、沖縄戦で海軍ヘギナー飛行場、ヘギナー壕があるため爆撃を受けた地域で、戦争につながる基地はいらないとの思いを持つ人たちが多く暮らしている。

それぞれに先代らが苦労して切り開いてきた愛着ある土地柄だけに、駐屯地の工事が着工される19年3月1日までに5回開かれた防衛局側の一方的な住民説明会に、地元住民たちは怒りと不満を募らせる。地元4地区（於茂登、開南、川原、嵩田）の公民館は、ようやく工事着工直前の2月27日防衛局に意見を突き付ける場にこぎつける。集落のほとんどの住民が参加した、3時間10分に及ぶ面談の模様を、地元紙は「予定地の選定手法、地元合意、希少動植物や水源地への自然環境対策、抑止力など多岐にわたって不満、疑問、不安の声をあげたが、同局への回答には納得できない」として、「3月6日再度面談に応じるよう求めた」と報じた。どんな様子だったのか。

地元合意について住民は、「着工は地元合意が前提。何をもって合意としているのか」と質問、防衛局は中山義隆市長が昨年月に表明した配備に理解した上で協力体制を構築するとの表明を挙げた。

これに住民は「一方的な配備は受け入れられない」「地元は同意していない。候補地選定からやり直すべきだ」「市長はわれわれとの話し合いの約束をほごにし、パイプ役として機能していない。行政が調整役になっていない」と中山市長への不信感もあらわにした。

カンムリワシや水源地などの環境問題についても住民は、「われわれ側からすれば県条例の環境アセス逃れのための一部着工。地域住民と向き合う態度があれば、着工前にアセスを実行すべきだ」と訴えたが、防衛局は「県条例のアセスの対象ではない。アセス逃れではなく、今年度に予算を計上している。現況調査を行いながら対策をとっていく」と述べるにとどまった（「八重山毎日新聞」19年2月28日）。

中山市長は受け入れありきである。中山市長の対応については第3章で触れたい。

カンムリワシは八重山諸島の石垣島と西表島のみに生息する国指定特別天然記念物である。ここは絶滅危惧種カンムリワシの優良な生息域であり、防衛省の調査でも貴重な動植物１１３種が生息する自然豊かな地域だ。

水源地問題の「県条例の環境アセス逃れ」とは、18年10月に改正された沖縄県環境影響評価条例は、20ヘクタル以上の用地造成にアセスメントを義務付けたが、経過措置で19年３月末までに着工すれば適用されないことを指している。駐屯地予定地の造成面積は20ヘクタルを超えているのに、19年３月１日の工事着工は、わずか０・５ヘクタルの入り口部分を着手する、アセスを逃れる姑息な暴挙だ。

藤井さんは「配備後基地内の排水が民有地の用水路に垂れ流され、宮良川に流れ込んでいることが明らかになりました。発がん性が疑われている窒素化合物ＰＦＡＳが全国の基地から出ていると問題になっています。追及すると石垣の駐屯地ではＰＦＡＳが含まれる泡消火剤は使っていないと答える。ではどんな消火剤を使っているのかと問うと明らかにしない。水道水の地下水源地、農業用水をくみ上げるヘギナー堰の水質は大丈夫なのか」と怒りを込める。宮良川は於茂登岳を水源とし、駐屯地の東側を流れ、基地付近を流れる支流や用水路と合流し、宮良湾に注ぐ。下流には、島最大の農業用水取水施設・ヘギナー堰があり、その付近には水道水の水源・大浜地下水源地がある。

藤井さんは宮古島の陸自基地配備でとられた排水処理との違いを次のように指摘する。


同じようなミサイル基地が建設された宮古島市には川がなく、地下水だけで生活用水を得ています。地下水審議会で検討した結果、大きな影響があるということになり、最初の予定地であった大福牧場が水についての予防原則から中止に、現在の千代田地区に変更。処理水も基地の外には出さず、蒸発散式で処理しています。石垣島は地下水だけで暮らしているわけではありませんが、市民の命、産業にかかわる重大問題です。配備前に、排水される処理水の安全性と排水方法が明らかにされないままでの開設は許されません。引き続き市民連絡会として53項目の質問を出して回答を求めています。石垣駐屯地の排水の究明は今後も続きます。

排水処理がなおざなりにされた一つをとって見ても、石垣駐屯地配備がいかに住民無視のゴリ押しだったかがよくわかる。住民合意や環境問題など地元問題が出されただけではない。「自衛隊が配備されることで有事の際に攻撃対象にされるとの懸念の声も多く挙がった」（「八重山毎日新聞」同前）。陸自の配備が「抑止力」になるという、説明会で繰り返し強調されてきたことそのものについて疑問、不安が出されたのだ。駐屯地配備が抑止力になるという説明に平得大俣の住民は納得していない。

駐屯地開設反対の一点で共同

中山義隆市長が駐屯地配備の調査協力要請を受諾した15年5月から3カ月後の8月、「石垣島への自衛隊配備を止める住民の会」（個人加盟）が立ち上げられ、陸自配備反対の活動が全島的に広がる。「住民の会」の中心になったのは、憲法を守る運動団体関係者だ。しかし問われているのは駐屯地配備の是非であって自衛隊が合憲か違憲かではない。自衛隊は国の防衛や市民の安全に必要、自衛隊は災害救助で頑張っている、という考えの人たちをも巻き込む幅広い市民の声を結集しようと自衛隊への考えの違いを横において「石垣島への自衛隊配備を食い止めること」を目的にした。翌16年10月には、予定地周辺の自治公民館や市民団体などが参加する「石垣島に軍事基地をつくらせない市民連絡会」（団体と個人加盟）に発展、17年２月に結成総会を開いた。設立趣旨には次のように述べられている。

政府は自衛隊の配備理由に、島しょ防衛と相手国への抑止力を挙げています。しかし、いざ有事となれば石垣島5万人の人間の安全を配備予定の数百人の自衛隊員で守ることは不可能です。国境の島の安全と平和は軍事力の強化では守れません。軍事基地建設は、かえって近隣諸国との緊張を高め、不測の事態には軍事攻撃やテロの対象になることは明らかです。しかも日米安保のもと、自衛隊基地は米軍も出入り自由な軍事基地です。もし石垣に自衛隊が配備されれば米軍も合同演習の名のもと共同使用する可能性もあり得ます。また、政府は「平和安全法制」の名で「平和」とは正反対の、日本を「海外で戦争できる国」に変え、戦後の日本の歴史を覆そうとしています。自衛隊基地は世界のどこでも、アメリカの引き起こす戦争に参戦する基地となるのです。

15年9月、安倍政権が閣議決定した集団的自衛権行使容認（14年7月1日）を法的に裏付ける一連の安保法制が強行（15年9月）された直後だけに、駐屯地の配備がかえって標的になること、数百人の自衛隊によって石垣島の5万人の住民を守れないこと、駐屯地の配備に反対であることがはっきり述べられ、対中国への軍事力抑止力論とは対極に立つ。活動の柱として次の3点が挙げられている。

1、軍事力で平和は築けない――憲法条を活かした外交で平和構築へ

２、ミサイル基地建設によるくらし、環境破壊は許さない！
３、島の未来は市民が決める―住民自治、民主主義が活きる市政を

藤井さんは、「自衛隊配備を推進、賛成する人たちは、『中国が攻めてきたらどうするのだ』と迫ります。でも私たちは、攻められることがないよう、軍事対軍事の対立路線をやめ、平和的外交努力で尖閣諸島問題の解決、地域の平和と安全を築く道を求めています」と外交努力の大切さを強調する。

「市民連絡会」は発足以来旺盛な活動を繰り広げる。自衛隊配備撤回や私有地売却するなと訴える署名、ビラ作成・配布（11種類約11万枚）や講演会、学習会の開催、ノボリ・ステッカーの作成と街頭アピール、スタンディング、ホームページやフェイスブック、ツイッターでの発信、国会議員、県議、市議の協力を得ての防衛省・沖縄防衛局へ要請行動や市長・県知事への要請、議会への陳情、請願活動、工事中の駐屯地監視活動などだ。

監視活動――決して穏やかな響きがしないこの活動は一体どんなことをしているのだろうか。於茂登岳山麓の斜面を切り開く工事は内部が見えにくい。チームがドローンを飛ばして工事中の駐屯地内の様子を撮り市民に知らせてきたのだ。藤井さんは撮った画像を見せながら「駐屯地が方形ではなく変形でしょ。これは、私有地を売らない地権者がいるからです」と語る。そこで、開設後はドローンを駐屯地上空に飛ばすことができなくなり基地内の様子がわからない。そこで、ゲート前で軍事車両や隊員の出入りや島中の動きを監視して駐屯地の動きを共有しているのだ。

19年3月1日から始まった駐屯地の工事は、22年9月から日曜日返上、12月下旬からは夜間も行う突貫工事で進められ、沖縄防衛局は開設予定の3月16日に間に合わせたが、まだ弾薬庫の一部、グランド、射撃訓練場などの工事が残っている。

藤井さんは「完成した三つの隊庁舎のうちの一つに地下室が備えられています。隊員全員が入れるシェルターのような広いものではなく、司令部だけの限られた人数しか入れないようなスペース。〝台湾有事〟の際にはどんなことがあっても司令部だけは残れるようになっている」と推測する。23年3月2日、小池晃参議院議員（日本共産党）が明らかにした全国約300カ所にある基地・駐屯地の1万3000棟を強靭化する計画では、核兵器や化学・生物兵器などの攻撃に耐えられるよう、主要司令部の地下化が含まれている。南西諸島最後に開設された石垣駐屯地の司令部は真っ先に地下化されたのだ（基地強靭化計画については第4章で詳述）。

藤井さんは駐屯地の敷地図を指しながら「東端寄りに並んでいる弾薬庫は近くを走る県道と開南集落近くにあります。民家や畑、通学路など市民の生活圏からわずか250〜300《メートル》しか離れていません。弾薬庫と隣り合わせの生活を強いられる市民の不安は大きい」と指摘する。「市民連絡会」が防衛省に弾薬庫の安全性を要請（22年11月24日）した際には、「火薬取締法の保安距離を確保しているので問題ない」との回答だったが、経済産業省は「自衛隊のミサイル弾など重火器は火薬取締法での規定外」という。さらに沖縄等米軍基地問題議員懇談会の省庁ヒアリング（19年10月23日）では、「ミサイル弾の爆発時に発生する有毒ガスについて、それを規制する法律はない」という。弾薬庫の安全性は不明だ。

ミサイルより戦争回避の外交を

敵基地攻撃能力保有を打ち出した改定安保三文書が閣議決定されるや、駐屯地開設（23年3月16日）を間近にした石垣市議会の対応は敏速だった。3日後の12月市議会最終日の19日、「陸上自衛隊石垣駐屯地（仮称）への長射程ミサイル配備に関する意見書」と題する二つの意見書が採択される。一つは共産党など野党提案の意見書案――「石垣島への自衛隊配備に当たり、防衛省は駐屯地に配備されるミサイルは迎撃用であり、専守防衛の配備という説明を受けてきた」「自ら戦争状態を引き起こすような反撃能力をもつ長射程ミサイルを石垣島に配備することを到底容認することはできない。他国の領土を直接攻撃することが可能な長射程ミサイルの石垣島への配備計画等について、十分な説明のないまま進めることがないよう強く求める」――が野党、中立会派の賛成多数で採択されたのだ。

他方自民党などの与党提案の意見書案――「これまでの防衛省主催の住民説明会であくまで専守防衛のための配備という説明がなされてきた」「防衛省による長射程化の地上発射型の12式地対艦ミサイル（SSM）の陸上自衛隊石垣島駐屯地（仮称）等への配備検討の報道もあり、住民の間では不安の声が起きている。長射程ミサイル配備の案件を含め、安保三文書による石垣島を含む先島諸島等への影響について、情報公開と住民への十分な説明を強く求める」――も全会一致で採択された。

藤井さんは「ここには、市民に広がっている『敵基地攻撃能力保有』による戦争への不安が反映しています」と力を込める。

年が明けて23年1月通常国会が始まった。先述したように改定安保三文書は、岸田首相自身が安保政策の「大転換」と言うほどに、先制攻撃が可能な敵基地攻撃能力保有へ歴代政権が踏襲してきた専守防衛からの大転換であり、とことん丁寧な審議が求められた。しかし岸田首相は専守防衛を変更していないと強弁し、野党の追及に対して〝台湾有事〟を煽る一方で、安全保障に関わる微妙な問題があるとか、手の内を明かしてしまうとしてまともに答弁しない。折からロシアのウクライナ侵略の蛮行が連日報道され、目の当りに侵略戦争の怖さを見せつけられて、敵基地攻撃能力保有や防衛費の倍増を容認する、かなり高い世論も生まれている。しかし米軍史に「ありったけの地獄を集めた」と書き刻まれた地上戦を体験し、4人に1人の犠牲者を出した沖縄県では、「反撃能力」保有「反対」55・6パーセント、「賛成」25・1パーセント（「琉球新報」）と反対が圧倒的多数だ。それでも4分の1の県民が「反撃能力」に賛成という数字は軽視できない。

藤井さんは「よりいっそう『島を戦場にするな！』という思いを大きくしていこうと市民連絡会で議論しました。こういう時だからこそ、『あの人たちは駐屯地に反対だから反対している』と受け取られてはいけない。ミサイルを配備し、軍事で構えることがかえって島が標的になる。海に囲まれている石垣島の島民は逃げることができない。それより外交の大切さを訴える講師を招いて講演会を計画しました」と語る。

その講演会は、23年1月29日市民連絡会主催で「台湾有事って？　どうする私たち〜石垣島で考える戦争と平和〜」をテーマに開催された。元内閣官房副長官で防衛省防衛研究所長も務めた柳澤協二氏が「台湾有事に寄せて　今、求められる戦争回避の外交を」と題して講演。その模様は「戦争回避の外交を――市民連絡会　元官僚・柳澤氏が講演」と地元紙に5段抜きで大きく報道される。

……ウクライナ戦争や〝台湾有事〟、北朝鮮ミサイルなどで日本人にも高まる戦争の不安について、戦争の不安を感じるのは仕方がないが、どうするか考える必要がある」として戦争を回避する処方箋を考える重要性を指摘、戦後初のミサイルも着弾せず、自衛隊から誰一人戦死者を出さなかったことを私は守りたいと述べた。

安保三文書に言及。ミサイルから国民の命を守るために「ミサイルは撃ち落とせないから発射される前にたたく」との論理について「相手の攻撃着手が前提というが、ミサイルは打たれないと日本向けに飛んでくるかどうか分からない」と矛盾点をつき、「国民の命を守るための最も確実な方法は戦争をしないこと」と述べた。

「ミサイルの撃ち合いが想定される戦争で、石垣島は標的になる位置にある。市民は何を求めているのか」とも問いかけた。

「台湾有事」については「台湾有事は中国と台湾の戦争で、アメリカが介入すれば米中戦争になり、そのアメリカが日本の基地を使うことを日本が認めれば日本有事になり、認めなければ日米同盟が崩壊する。これを避けるためには戦争を回避すること。これ以外に日本が生き残れる道はない」とした（「八重山毎日新聞」23年1月30日）。

藤井さんは「地元紙は市民連絡会が記者会見すれば報道してくれるし、私たちの活動をちゃんと取材し報道してくれる」と、本土大手紙との違いを語る。

柳澤氏は改定安保三文書の敵基地攻撃能力保有が「ミサイルは撃ち落とせないから発射される前にたたく」論理であり、明確に先制攻撃の立場に立っていると指摘したのだ。アメリカや中国、ロシアでは、従来の弾道ミサイルや巡航ミサイルに替わり、マッハ5～10に達する滑空飛翔体（極超音速滑空ミサイル）の配備を始めており、こうした新世代のミサイルは事実上、現在の防空システムでは迎撃が不可能と指摘されている（纐纈《こうけつ》厚「ロシアのウクライナ侵略と日本の安全保障」）。防衛省も飛んでくるミサイルを迎撃するのは難しいと説明を変えてきており、中国や北朝鮮からのミサイルを迎撃するために石垣島や南西諸島へミサイル配備すると説明してきたことはもう崩れている。

さらに柳澤氏は「ミサイルは撃ち落とせないから発射される前にたたく」ことについて、どこへ飛んでいくかわからないのに相手国のミサイル発射基地をたたく矛盾をも突いた。先制攻撃すれば相手から反撃され、ミサイルの撃ち合いは石垣島にとどまらず南西諸島が戦場化することを意味する。柳澤氏は石垣島をはじめ南西諸島、そして日本が生き延びるにはもう戦争を回避すること以外にないと強調したのだ。

米軍が先制攻撃の立場に立っていることは、米統合参謀本部の公式方針ＩＡＭＤ（統合防空ミサイル防衛）の次の一節で明らかである。

destroy or neutralize enemy aircraft, missiles, launch ctures and systems both before and after launch, as close lof OCA operations is to prevent or disrupt the launch of aging them and/or their overall supporting infrastructure apabilities used to support OCA include aircraft（「しんぶん赤旗」23年3月号外）。――敵の航空機、ミサイル、発射施設、システムを発射前後に破壊または無力化する。これは、ＯＣＡ作戦の最終段階で、老朽化したそれらの発射を防止または妨害するため、および／またはＯＣＡをサポートするために使用される全体的なサポートインフラストラクチャ機能には、航空機が含まれる。

自衛隊は発足以来長い時間をかけて米軍と一体化してきたが、今回の敵基地攻撃能力の保有によっていっそう一体化が進む。その一体化は米軍の指揮下のもとでの一体化である。岸田首相は「ＩＡＭＤ（統合防空ミサイル防衛）には参加しない、自主的に判断する」と国会答弁しているが、不可能な話だ。ミサイルが飛んでくるという、まさに瞬時に判断が求められるその時に、いちいち米軍にうかがいを立てていたのでは間尺に合わない。米軍のＩＡＭＤシステムと一体化・連結していなければ自衛隊が構えているミサイルは対応できない。ましてや柳沢氏がいうように「ミサイルは撃ち落とせないから発射される前にたたく」相手の発射軍事情報を自衛隊は持ち合わせておらず、偵察軍事衛星を張り巡らせている米軍に依存せざるを得ない。そのことは何より安保三文書の「国家防衛戦略」に「我が国の反撃能力については、情報収集を含め、日米共同でその能力をより効果的に発揮する協力態勢を構築する」と書かれていることだ。

さらに柳澤氏は「台湾有事は中国と台湾の戦争で、アメリカが介入すれば米中戦争になり、そのアメリカが日本の基地を使うことを日本が認めれば日本有事になる」と述べた。我が国には台湾を守る義務も防衛協力条約もない。なのになぜ〝台湾有事〟が日本有事となるのか。防衛ジャーナリスト半田滋氏の所説によって整理しておきたい。

仮に中国が台湾を武力で統一しようという場合、日本がただ見てるだけなら戦争に巻き込まれることはない。中国は台湾を自国の内政問題だと言っているので、台湾を統一する時に外国である日本を攻撃して戦争に引きずり込む理由はない。

しかしアメリカが参戦するとなると全く異なってくる。在日米軍基地の7割が集中する沖縄本島から出撃すればその基地が狙われて日本有事になるし、アメリカ軍の船や飛行機が打撃を受けるだけでも、日本政府が存立危機事態といえば、その米軍を助けるために自衛隊が参加することができるので、アメリカが介入すると一転して台湾有事は日本有事になる(ネット番組第12回「武蔵野政治塾」23年6月1日)。

台湾が中国の内政問題であることは、１９７２年国交正常化で合意した日中共同声明で「中華人民共和国政府は、台湾が中華人民共和国の領土の不可分の一部であることを重ねて表明する。日本政府は、この中華人民共和国政府の立場を十分理解し、尊重し、ポツダム宣言第八項に基づく立場を堅持する」と確認されていることである。台湾は中国の一部であり、「二つの中国」を認める立場からすれば基本的に中国の国内問題である。

しかし〝台湾有事〟に米軍機が沖縄の米軍基地から出撃すれば、反撃の標的になり日本有事になることは自明の理だ。それればかりでない。かつて小野寺五典防衛大臣は北朝鮮がグアム沖へミサイル発射を計画していることについて「存立危機事態の認定もありえる」と答弁したことがある（17年８月10日　衆院安全保障委員会）。グアムの米軍基地の打撃力が弱まることは存立危機事態と認定する根拠になるというのだ。この論理でいけば、仮に〝台湾有事〟が起き米軍の飛行機や艦船が打撃を受け、政府が存立危機事態と判断すれば日本有事になりうる。

柳澤氏の講演会にはまだコロナ禍が続く中、２００人近い市民が参加。聴衆は「島を戦場にさせないためには、ミサイルの配備＝軍事力ではなく外交により戦争を回避する選択肢があること、この選択肢を世論多数にすること」にいっそう確信を深めた。さっそく市民団体や「市民連絡会」と共同で「私たちの島を戦場にしないで！ミサイルよりも子どもたちに笑顔を」と街頭アピール行動に取り組んだ。

島を守れず島外避難も困難、シェルター設置

他方駐屯地配備に賛成・推進派の動きはどうか。これまで石垣島への陸上自衛隊の配備が島を守る抑止力になると説明されてきた。ところが駐屯地開設間近になって、〝台湾有事〟が起きると島が攻撃されるので、「住民避難計画だ」「シェルター設置だ」と言い始めた。発信源は防衛省である。

防衛省が、他国からミサイル攻撃などを受けた際に国民を保護する緊急一時避難施設（シェルター）の整備に関し、防衛力強化に向けた今後5年間の整備計画の中で新設や建て替えをする自衛隊施設を、地域住民向けの地下シェルターとして活用できる設計とする方向で検討していることが分かった。複数の政府関係者が明らかにした。北朝鮮が弾道ミサイル発射を繰り返す中、全国的に不足する地下シェルター確保を急ぐ。

防衛省は防衛力強化の一環として老朽化した自衛隊の隊舎や宿舎などの建て替えや改修を検討。全国に計2万3254棟ある陸海空の各自衛隊施設のうち、約4割が昭和56年の建築基準法改正前の旧耐震基準で建てられ、このうち約8割は耐用年数が過ぎている。

司令部機能が入る建物や格納庫など重要施設については、敵から攻撃を受けても自衛隊が活動を続けられるように耐久性向上を図る方針だ。

重要施設を新設もしくは建て替える場合は、核攻撃の爆風や放射能汚染に耐えられる強固な地下施設を備えた設計とすることを検討。地域住民が退避できるシェルターとしても使える仕様となるよう調整している。新設や建て替えの対象施設は未定で、防衛省が現在、老朽化の程度や優先度を踏まえ検討している。
シェルター整備は全国の自治体が商業施設や地下街などを指定。内閣官房のまとめでは今年4月時点で全国に5万2535カ所あるが、爆風から身を守れる地下施設は約3%しかないなど遅れが目立つ（「産経新聞Web」22年11月23日「自衛隊施設に住民向けシェルター防衛省検討」）。

引用を割愛したが、この記事の最後で諸外国では公共施設や商業施設でもシェルターが義務化されているとし、日本は制度化が遅れているとしてシェルター整備を当然視している。

駐屯地開設が間近に迫った2月18日、八重山日報社主催で八重山の市町長（石垣市、竹富町、与那国町）が参加するシンポジウムが開かれている。どんな内容だったか。

……与那国町の糸数健一町長は、避難用の地下シェルターを、建て替え予定の町役場庁舎の地下か、島内駐屯地司令部の地下に設置する案を示した。同町長は「有事」の際に島外避難ができない住民らを想定し、シェルター整備を言い出した。さらに住民避難を資金面で支援する町独自の危機事象対策基金の財源について「国が補填してほしい」と求めた。
中山隆義石垣市長は、八重山住民と観光客合わせて八重山の避難全対象者が「6万から7万人」と試算。航空機だけで24時間運航した場合「4日間で動かせる。民間の船が加わるとさらに短縮できるだろう」と述べ、石垣空港の滑走路延長の必要性も説いた。避難用シェルターは、地下などに体育館を整備し、「有事」の際に避難場所として使用する案を出した。事前に食料などの備蓄も行う。

さらに、「台湾有事」が起こる前に、台湾市民が石垣や与那国に避難するケースを予見。仮に入国手続きを経ず島へ上陸した避難民が「お金や食べ物を求め、市街地の家に入ってくると島の治安は大変な状況になる。有事が起こる前から想定しないといけない」と指摘した。

竹富町は、石垣港に一時避難した後、船や航空機で八重山圏域外に避難する。前泊正人町長は「各島からの交通手段は船舶のみ。波照間などは冬場の欠航が多い。日頃の生活から不利性はあるので、そこを解決しないといけない」とし、警察が常駐していない島もあるため「関係機関との訓練で課題をあぶり出していきたい」と述べた（「八重山毎日新聞」23年2月19日）。

3市町長とも与那国島や石垣島に配備された自衛隊では、島を守れないと既成事実のように言い、短時間で飛んでくるミサイルに数日間もかかる避難では間尺に合わないと、攻撃されることを前提にした避難ありき、シェルターありきの発言が相次いでいる。しかも〝台湾有事〟が起きたら台湾からの避難民の受け入れまで想定しておく必要があるという発言まで飛び出している有様だ。

そもそもこのシンポジウムに先立って基調講演した元陸上幕僚長岩田清文氏は、自著『自衛隊最高幹部が語る台湾有事』（新潮社）で「どこで、そしてだれの責任で、約数十万人を受け入れるかという問題を考えなければならない。移った先に国の（生活）保障がないと島から出ないという状況の中で、どうやって、自由意思で、出てもらうのか。国民保護法との関係で非常に難しい」と語っている。つまり国民保護法では避難先での生活保障について何も決められておらず、生活保障のない避難は住民に受け入れがたいと言っているのだ。結局有事が起きたら住民は島内にとどまって避難せざるを得ず、シェルターに逃げ込まざるを得ないことになる。しかも先述したように台湾から避難民が押し寄せてくることも想定しなければならない。

そのことは駐屯地開設後開催された日本青年会議所沖縄地区協議会主催の国防セミナー（6月11日）で、日本大学危機管理学部教授の吉富望氏が「台湾有事が南西地域にもたらすリスク」と題した講演で、国民保護計画について「基本は島内避難」と提起しており、島外避難が無理であることで共通している（「八重山毎日新聞」23年6月13日）。

続いて八重山日報主催の講演会（6月18日）に来島したジャーナリストの櫻井よし子氏は、「覇権目指す中国の動きに警鐘」鳴らし、「石垣の自衛隊を強く」と述べる、中国の台湾侵攻必至論の吉富氏と同様〝台湾有事〟を煽っている。石垣駐屯地が開設されて以降、〝台湾有事〟必至―島内避難、シェルター設置か、ミサイルより戦争回避の外交か。このたたかいがいっそう鋭さをましている。

「島を戦場にさせない！の思い」――二つの意見書採択

「市民連絡会」は、2月2日付で沖縄県議会へ「日中両国間の諸問題の外交的解決を求める陳情書」を提出する。3月30日、オール沖縄県政与党議員団提案の「沖縄を再び戦場にしないよう日本政府に対し対話と外交による平和構築の積極的な取り組みを求める意見書」が賛成多数で採択された（自民党は反対し、公明党と無所属議員1人が退席）。

意見書は、敵基地攻撃能力について「相手国からの報復を招くことは必至で、沖縄が再び標的にされるとの不安が県民の中に広がっている」とし、「軍事力による抑止ではなく、外交と対話による平和の構築に積極的役割を果たすこと」を求めている。また、改定安保三文書による軍事強化が中国を意識しているとしたうえで、日中両国は、日中平和友好条約など両国で確認された諸原則を遵守「両国間の友好関係を発展させ、平和的に問題を解決すること」を求める画期的な内容だ。

藤井さんはこの間の請願や与那国島、宮古島、石垣島などからの陳情が意見書に結実されたと振り返る。この意見書は画期的なものだ。第3章で立ち入って検証することとしたい。

石垣市議会でも同趣旨の野党提案の「日中両党間の諸問題について外交的解決を求める意見書」が野党と中立会派の賛成で可決されている。一方、与党は「中国に対する抑止力の必要性」や「中国が力による現状変更を企てている」などの文言を含む「県知事の中国との対話による緊張緩和を求める意見書」を可決させ、揺さぶりをかけている。

第2章

石垣島を戦場にさせない！

ミサイルより外交を

23年3月16日午前0時、於茂登岳南側山麓に広がる平得大俣地区に陸上自衛隊石垣駐屯地が開設された。駐屯地は広さ約47ヘクタル。これまでに宿舎棟、車両整備場など主要施設、火薬庫4棟のうち3棟が整備され、覆道射撃場、弾薬庫1棟、車両整備場などが建設中で、今後さらに訓練場、グランドなどが建設予定だ。市街地にも3カ所の隊舎があり（150戸）、さらに40戸建設が進められている。24年度予算には、射撃訓練場拡張のための用地取得費が計上されている。米軍との共同使用の可能性があるとも指摘されている。

駐屯地開設に先立つ3月5日朝、石垣港に陸揚げされていたミサイル発射などに使用される約150台の車両が駐屯地に搬入。この日の午後、「市民連絡会」は「ミサイルより戦争回避の外交を」の横断幕を掲げて旧石垣市役所通りをデモ行進した。

「この島が標的にされる！」

駐屯地が開設される住民の不安と反対の動きを地元紙は次のように報じている。

陸自配備は中国への抑止力、災害時の迅速な救援対応などを期待する一方、当初から市民団体が「標的になる」「(中国を）刺激することになる」と反対運動を展開してきた。昨年12月には閣議決定された安保三文書に反撃能力（敵基地攻撃能力）の保有が明記され、石垣島など南西諸島に長射程ミサイルが配備される可能性もあるため、不安がさらに高まっている。一方着工前には、住民投票を求める会が1万4千人余りの署名を集めて直接請求したが、議会の賛成少数で否決された。その後、求める会のメンバーが、有権者の4分の1の署名の場合に実施義務を定めた自治基本条例に基づき2件の訴訟を提起。1件は最高裁で棄却され、もう1件は係争中で5月に地裁判決が出る（「八重山毎日新聞」22年3月16日）。

陸自配備の是非について問う住民投票条例直接請求署名の取り組みや、これに伴う裁判については第3章で触れたい。

これまで触れてきたように石垣駐屯地の開設は、中国からのミサイルを迎撃するためのものと説明されていた。それが改定安保三文書で敵基地攻撃能力保有が打ち出されて中国大陸に届く長射程ミサイルが配備されることになり、「話が違うじゃないか」と住民の不安が広がっているのだ。

自衛隊石垣島駐屯地が開設された3月16日、地元紙の八重山毎日新聞と八重山日報、県紙の琉球新報と沖縄タイムスに「島々を戦場にしない！ミサイルより戦争回避の外交を！」という意見広告が掲載された。「戦後78年間、基地のなかった私たちの島に、自衛隊駐屯地が建設され、ミサイルが配備されようとしています。国内外で『台湾有事』が叫ばれ、石垣島、沖縄だけでなく全国で戦争への不安の声が上がっています。戦争回避のための外交努力が求められています。私たちが住む島を、ふるさとを戦場にさせない！　ミサイルより戦争回避の外交を求めます！」――意見広告のリードには格調高くこう呼びかけられている。

意見広告に取り組んだ藤井さんは「石垣島はもとより全国から支援を集めて意見広告を出

することができました。平和な島に基地はいらない、趣旨には賛成だが駐屯地の仕事をしているからと、名前は出さないでほしいという人が少なくない」という。公表された名簿の背後には背中を押すたくさんの市民がいる。

この日も「市民連絡会」は抗議の集会とデモ行進をし、この模様がテレビ報道された。画面に大写しされた女性が叫ぶ「この島が標的にされる！」が陸上自衛隊石垣島駐屯地開設とミサイル配備の本質を突いている。

玉城デニー沖縄県知事は記者会見を行い、陸上自衛隊石垣島駐屯地が開設されたことに触れ、「県は政府に対し、配備スケジュールありきで物事を進めることがないよう申し入れてきたが、現状は必ずしも十分に住民合意が得られているとは言い難い状況にある」と指摘する。

当局主催の説明会でも不安の声

続いて22日夜、石垣市、沖縄防衛局、石垣駐屯地共催の陸上自衛隊石垣駐屯地開設に伴う説明会が市民会館大ホールで行われた。中山義隆市長が防衛局へ要請したことで開催が決まったとされる。地元紙は「自衛隊配備に反対する市民団体は説明会をボイコットし、反対派が防衛省側に詰めるような場面はなく、説明会はおおむね円滑に進行した」（「八重山日報」23年3月23日）と報じた。

藤井さんは「市民連絡会がボイコットしたのは、事前に自由な質問と時間を保証するよう市に要望書を出したが回答がなく、自由な質問を保証し市民の不安や疑問に応えることが期待できないからです。そんな説明会に反対派の私たちが出ると、駐屯地開設の既成事実づくりに手を貸してしまう」からだという。では説明会はどんな模様だったか。

案の定、予想された通り説明会は当局の駐屯地必要の宣伝の場だった。防衛局は、中国の海洋進出や北朝鮮の弾頭ミサイル発射実験、ロシアによるウクライナ侵攻など国際情勢の変化に言及した上で「南西諸島の防衛強化は喫緊の課題。ウクライナのように一度侵攻されれば軍事施設も民間施設も大きな被害が出る。そのため防衛戦略に基づいて抑止力と対処力を強化していく」（同前）と説明。

というように防衛局側は、改定安保三文書に基づいて防衛機能の強化に取り組む方針を示す一方、敵基地攻撃能力を可能とする長射程ミサイルについては「具体的な配備先は決まっていない」と述べるにとどまる（同前）。

「具体的な配備先は決まっていない」というが、ミサイル発射に使用される車両など約１５０台がすでに駐屯地に搬入され、警備部隊、地対空ミサイル部隊、地対艦誘導弾部隊の５７０人もすでに配置されているではないか。そのうち地対艦誘導弾部隊は「地上から発射して洋上の艦艇を攻撃するための12式地対艦ミサイル」（射程２００キロメートル）などを扱う部隊」（「しんぶん赤旗」23年３月16日）だ。「12式地対艦ミサイル」は改定安保三文書に基づいて、いずれ敵基地攻撃能力を備えた長射程ミサイルに改良されることになっている（第４章で詳述）。

そもそも駐屯地開設に当たって防衛局側は長射程ミサイルの配備はないと説明してきた。大陸から飛んでくるミサイルを撃ち落とす迎撃ならと陸自駐屯地開設を容認した住民は少なくない（第3章で詳述）。「島が標的になるのでは」という住民の不安や危惧が広がることを避けたい防衛局側は、長射程ミサイルの配備の時期を曖昧にし、小出しにして住民感情を和らげようという狙いが透けて見える。

八重山防衛協会の三木巖会長が「駐屯地は日本の安全保障、領土、領海、領空、国民の生命を守る。駐屯地が機能してもらわないといけない」と賛成を表明したのはさておいても、ロシアのウクライナ侵攻の蛮行が毎日のように報じられている中で、一般参加者から「基地があると攻撃されると皆さんが反対しているが、ウクライナではインフラ、住宅、病院、学校が攻撃されている。市民を守るために基地があってもいい」という意見が出ておかしくはない。さりとて「円滑におおむね進行した」と報じられた説明会が、陸自駐屯地開設と長射程ミサイル配備に賛成、容認一色というわけではない。参加者からは不安や危惧が出された。

駐屯地周辺住民の具志堅正さんは「長射程ミサイルの配備は決まっていないと言うが脅威だ。24時間、畑仕事をしていてもこのことが頭から離れない。小さな石垣島では、どこにも逃げようがない」と訴え、丁寧な説明を求めた。

別の男性は「相手の基地まで飛ぶようなミサイルを配備するなら、自衛隊に賛成する人も反対する人も容認できない」と反撃能力を持つミサイル配備に反対した（「八重山日報」23年3月23日）。

防衛局側が長射程ミサイルの配備について曖昧な説明にとどめても、市民からこうした不安や危惧が出るのは至極当然の住民感情だろう。

環境・インフラ整備の〝アメ〟

三木会長は駐屯地開設に賛意を表明するとともに駐屯地周辺の環境整備を要望している。これに沖縄防衛局の担当者は「民生安定事業を活用し、市が実施する事業で支援できるものがあれば支援したい」と応じる。

主催者側として防衛局と同じテーブルについた中山市長も市内のごみ焼却施設や最終処分場整備で、防衛省の支援を受けた事業が進んでいると報告。駐屯地の開設に伴う〝迷惑料〟の見返りに「民政安定事業」という〝アメ〟が配られ、受け入れていることを明言した。住民の不安や危惧を環境・インフラ整備で懐柔する手口は原発誘致と同じ手法である。

「原発銀座」と呼ばれる福井県若狭湾沿岸部は、世界に類例を見ない原発の密集地である。関西電力の大飯、高浜、美浜、日本原子力発電の敦賀、そして日本原子力研究開発機構の実験炉「もんじゅ」と「ふげん」――廃炉が決まったものも含めて、計15基の原子炉が湾岸にひしめく。使用済み核燃料は20秒ほどで致死量に達する放射線を発し続ける。原発はその使用済み核燃料の処分方が確立されていない未完の技術だ。「トイレなきマンション」に例えられる。また一旦事故を起こせば他の事故や災害とは異質の甚大な被害をもたらすことは、東日本大地震で津波に襲われ、外部電源を失い、制御不能に陥った東京電力福島第一原発事故で明らかだ。

原子炉の炉心がメルトダウンし、大量の放射性物質が環境に放出された。事故後十数年を経た今も溶融した核燃料（デブリ）を取り出せないでいる。被害総額は数十兆円とも言われる天文学的数字である。

そういう危険な原発を誘致するために、あるいは誘致したことによって、原発事業者側から協力金や闇の資金、電源三法交付金（いわゆる原発マネー）が各自治体や有力者に流れ込み、「あらゆる施設、役場、学校、体育施設、道路などが整備され、ＪＲ小浜線の電化工事にも数十億円もの匿名寄付が流れている」（佐藤正雄・前福井県議）。協力金という名の原発マネー9億円が高浜町長名義の口座に振り込まれたまま私物化され、疑惑が明るみになると10年も前に受け取っていた巨額の協力金が、突如として町の決算案に記載されるという前代未聞の顚末まであった（柴野徹夫「原発のある風景」下　未来社）。

最近のことでいえば、関西電力は23年10月、使用済み核燃料の福井県外搬出先に青森県の六ケ所再処理工場やフランスの再処理工場、中間貯蔵施設誘致の動きが浮上した山口県などを挙げる一方で、県内の原発敷地に乾式貯蔵施設を設置する計画を示した。この計画に福井県知事が唯々諾々と受け入れ表明していることは、今も原発マネーが流れ続けていることを示すものだろう。

陸自駐屯地の開設や長射程ミサイルを受け入れれば街がよくなる——こんな論理がまかり通っていいのだろうか？　石垣島が標的になりかねない長射程ミサイルの配備が、環境・インフラ整備の〝アメ〟や〝ニンジン〟と交換条件にされていいのだろうか？　決してそうではあるまい。事は住民の安全と命に関わることだ。環境・インフラ整備は、陸自の駐屯地開設や長射程ミサイル配備とは関係なく進められるべきことである。

武力攻撃予測事態を想定し、大規模国民保護図上訓練

防衛省側の席に座る中山義隆市長は「戦闘状態に入った時に住民を避難させるのは危険だ。有事が起こりそうになった時、いち早く島民を島外に逃がす」と強調した。しかし、中山市長はこれまでミサイルを迎撃し島を守るために陸自の配備を受け入れると言ってきた張本人ではなかったか。この発言はミサイルを迎撃できず、近い将来長射程ミサイル配備されることになる駐屯地の開設によってかえって島が標的になり、有事＝戦闘状態になりうることを自ら認めたことになる。中山市長がいう「有事が起こりそうになった時」とは、いわゆる「武力攻撃予測事態」のことである。「武力攻撃事態には至っていないが、事態が緊迫し、武力攻撃が予測されるに至った事態」「事態対処法において、武力攻撃事態と武力攻撃予測事態をあわせて『武力攻撃事態等』」と定義されている（内閣官房国民保護ポータルサイト）。長射程ミサイルが石垣島に配備されることによって島は「武力攻撃予測事態等」になり、住民が島外へ避難を余儀なくさせられる事態を招いているのだ。

戦闘状態になって住民を避難させるのは危険だから、有事が起きそうになった時に避難させるというが、そもそもそんな難しい判断ができるのだろうか。防衛白書（令和４年）ですら「ＴＥＬ（移動式発射機）や潜水艦を使用する場合、任意の地点からの発射が可能であり、そ

の兆候を事前に把握するのが困難」と述べているほどだ。

改定安保三文書は、離島で有事が起きた場合の「国民保護」を挙げている。繰り返すが有事とは武力攻撃予測事態と政府が判断した場合を指す。そう政府が判断した場合、国民保護をしなければならないことになっている。22日の説明会に先立つ3月17日、先島諸島の市町村と航空機、海運事業者などが参加し、島民を県外に〝保護〟する手順確認のため政府主催の図上訓練が那覇市で行われている。

沖縄県での避難訓練はこれが初めてではない。23年1月21日、仮想国が発射した弾道ミサイルが日本に飛来する可能性が生じた場合を想定して住民避難訓練が那覇市の公共施設を使って行われている。また前年11月30日与那国町でも行われている。那覇市の場合はアラートのサイレンが低くうなるように鳴り響き、防災無線が「X国からミサイル発射、ミサイル発射。建物内か地下に避難するよう告げ」、応募した83人が市施設の地下駐車場に避難。防災士の稲垣暁さんは「そもそも自然災害と異なり有事は人災。有事想定訓練の積み重ねによって有事前夜であるかのような雰囲気が市民の中に醸成され、近隣諸国への敵愾心をあおることにならないかと危惧している」(「八重山毎日新聞」23年1月22日)と語る。

しかし今回の図上訓練は政府主催の大掛かりなものである。その図上訓練はどんな様子だったか。

5市町村の住民と観光客ら計12万人を民間の航空機や船舶で九州に避難させる想定だっ

たが、空港の保安検査に時間がかかる▽避難者の荷物が多すぎると航空機に積載しきれない恐れがある――など多くの課題が浮かび上がった。荒天で航空機・船舶を使えない場合の対応や、高齢者や要介護者の移動手段の確保なども必要で、今回想定した「6日間での避難完了」も難しいことが分かった。

1週間後の24日、自民党本部で開かれた国防部会・安保調査会の合同部会。「疎開先（傍点は筆者）での生活の不安を解消しないと、避難は機能しないのではないか」。リモート参加した多良間村の伊良皆光夫村長は住民避難への不安を訴えた。出席した石垣市の中山義隆市長は、消防隊員や医療関係者が緊急時に逃げ込めるシェルターの整備が不可欠だと指摘した。

先島諸島の市町村ではコンクリート造りの建物など計112箇所（22年4月現在）が『緊急一時避難施設』に指定されている。沖縄県によると、各市町村の人口の約1・4～15・8倍を収容できるものの、安全性が比較的高いとされる地下施設は石垣市役所の1箇所のみ。激しい攻撃にも耐えられ、一定期間滞在できるいわゆる『シェルター』は、時点では一つも整備されていないという（「毎日新聞」23年4月4日）。

住民と観光客12万人を九州へ〝保護〟する図上訓練だったが、「多くの課題が浮かび上」がり、「6日間で避難完了」も困難だとして、島内に残された住民、観光客を避難させるシェルターの設置の議論に移ってしまっている。中山義隆市長は消防隊員や医療関係者のための緊急シェルターの整備が不可欠と述べたが、では他の一般の住民はどうするのか？　ミサイルの標的に野ざらしにされていいとでもいうのだろうか？　消防隊員や医療関係者の命も住民の命もいずれも等しく尊い。

冒頭で述べたように南西諸島は本州の最北端から最南端まで１２００㌔に匹敵する。先島諸島は、その最南西部に数百㌔に点在する宮古列島・八重山列島の総称である。市町村（宮古島市、石垣市、多良間村、竹富町、与那国町）の住民と観光客ら計12万人もの人員を空路と海路で１０００㌔も離れた九州へ短時間に〝保護〟するというのは、車や鉄道で大量輸送が可能な陸路とは異なる特別の困難が伴う。いや土台無理な計画なのだ。

空路や海路で避難中、相手から攻撃される危険もある。太平洋戦争末期に起きた対馬丸事件がそのことを如実に示している。44年８月22日、沖縄から学童疎開船対馬丸が鹿児島県・悪石島の北西約10㌔沖を航行中、米潜水艦の魚雷攻撃を受け沈没した事故だ。対馬丸に乗船していた疎開学童、引率教員、一般疎開者、兵員ら１７８８人のうち、疎開学童７８４人を含む１４８４人が犠牲になった（氏名判明分のみ）。しかも救助された人々は、対馬丸が撃沈された事実を話すことを禁止された。死亡者や生存者に関する詳細な調査も行われず、沖縄に残された家族は正しい情報を伝えられなかった。

そもそも南西諸島南部の先島諸島だけが標的にされるという前提で〝保護〟計画が立てられているが、何をもって根拠にしているのだろうか。沖縄本島には無数の米軍基地と自衛隊の基地があり、奄美大島や宮古島、与那国島、そして今回石垣島にもいずれ長射程ミサイルが配備される自衛隊の基地があるのだから、南西諸島全体が標的にされてもおかしくない。琉球大学の高良沙哉教授（憲法学）は「私は、これは琉球弧で日本を防衛する、琉球弧で戦争を終わらせようという計画なのではないかと思っています」（「前衛」23年5月号「南西諸島の自衛隊基地強化と平和的生存権」）と述べている。「琉球弧」とは南西諸島全体を指す言葉だ。そうだとすれば「琉球弧」捨て石計画なのだ。仮に「琉球弧」の住民と観光客を〝保護〟するとなれば、１００万人をはるかに超える、いや２００万人超の住民や観光客を〝保護〟しなければならないことになる。短時間に長距離の、これほど大規模な〝保護〟という名の〝疎開〟はどう考えても無理である。

しかし政府は石垣、宮古、与那国島などの先島諸島の住民を九州に避難させる計画を24年度中にまとめるという。松野官房長官（当時）は鹿児島県や熊本県を訪問し、有事の際避難者の受け入れを要請している。しかし一旦有事になったら空港や港が使える保証も、九州が安全である保証もない。

石垣市議会は4月11日、第2回国民保護計画等有事に関する調査特別委員会を開き、防災危機管理課から政府主催の図上訓練の報告を受けた。地元紙によればこうである。

八重山住民の島外避難は、石垣島を経由して九州へと想定されている。バスで南ぬ島石垣空港に移動して福岡空港に到着、そこから避難先へと向かう流れ。同課は「情報を伝達して円滑に動いてくれるかどうか。周知していくことが現在の課題とした」。

島外への避難を望まない人への対応については「無理強いして引っ張っていくわけにはいかない。どういう形で残して行くか。安全を担保するのが課題」と説明した。

行政、警察など職種によっては島にとどまる人たちもいるが、人数については不明。「何百人、何人になるか算出できていないが、確定すれば国に対してシェルターの設置を要請していきたい」との考えを示した（「八重山毎日新聞」23年4月14日）。

「南ぬ島」は八重山の島言葉で「ぱいぬしま」と読む。「ぱい」とは八重山の言葉で「南」を意味し、「みなみのしま」という意味である。

図上訓練で分かったことは島民すべてを〝保護〟することはできないということだ。そもそも将来あるかもしれない有事を想定して「あなたは避難しますか、残りますか」と問われ避難すると答えられる住民が何人いるだろうか？　仮に残ると答えた島民数に見合ったシェルターが設置されれば安全と命が必ず守られるというのだろうか？　観光客はどうなるのだろうか？

先出の高良沙哉教授は、この国民保護計画の非現実性を次のように語る。

安保三文書の中で書かれている国民保護についても、沖縄では非現実的な話だと受け止められています。戦争になったとき、海に囲まれた沖縄での避難は非常に困難です。

石垣島で農業や畜産をやっている人たちに話を聞くと、これまで育ててきた牛や作物を放って自分たちだけが逃げることはできないといいます。物理的な避難の困難さに加えて、生活に根ざした問題があるのが現実です（「しんぶん赤旗」23年4月4日）。

県紙の琉球新報も「避難施設より緊張緩和を」の社説（23年7月28日）を掲げた。

「『九州へ避難』なんて、イヤだ！」「戦争の夢を見た」

石垣市新川在住の笹尾道子さんは地元紙に『九州へ避難』なんて、イヤだ！」を投稿している。

「武力攻撃予測事態」が起きたら、八重山住民5万6千人は全員九州へ避難させる、という国民保護法図上訓練が3月17日県庁で行われた。与那国町、竹富町住民は石垣島経由で九州へ避難することになるらしい。石垣住民は6日以内に島外へ避難させる計画だ。

「武力攻撃予測事態」って戦争が起こるということ？　それを防ぐために自衛隊駐屯地を造ったんじゃなかったの？　何をもって「武力攻撃予測事態」とみなすの？　それから避難して間に合うの？　住民全員を強制避難させるの？　動きたくない人は残れるの？　避難先のどこで、どの位過ごすことになるの？　九州の人々は私たちを快く受け入れてくれるか？

石垣島にはいつ帰ってこられるの？　焼け野原になっているかもしれない石垣島で生活や仕事が続けられるの？　食料は？　病院は？　学校は？　疑問はつきない。

わたしは石垣島の青い海と空、温暖な気候（少し暑すぎるが）にあこがれ、親切な人々が好きで、平穏な老後を過ごせると思って移住してきた。「終のすみか」と考えている石垣島が戦場になるなんて嫌だ。どこかへ避難しろといわれたって動くのは嫌だ。それに長距離ミサイルが飛ぶ時代、どこへ逃げても戦場になる可能性がある。特に軍隊と住民が混在しているところは狙われるのだ。

島に生まれ育った人にとっては、先祖から受け継いだ、あるいは汗水たらして開拓した大事な田畑や家屋敷、牛やヤギ、墓を捨てて行かなければならないなんてとんでもない話だ。たとえ戦争が終わったとしても、「離島奪還作戦」で踏み荒らされた田畑、汚れたサンゴや砂浜、破壊された自然に、観光客だって魅力を感じないだろう。八重山が戦場になり廃墟になっても、本土が助かればよいという、沖縄人差別がありはしないだろうか。この前の戦争と同じように(「八重山毎日新聞」23年4月1日)。

平穏な老後を過ごせると思い石垣島を「終のすみか」にしようと移住してきた笹尾さんが「九州へ避難」なんて嫌だという叫びが痛いほどに伝わってくる。続いて宮田桂子さんも同じ地元紙に「昨夜戦争の夢を見た」と投稿している。笹尾さんと同様戦争の不安がリアルに伝わり、為政者を鋭く告発している。長文だがあえて紹介したい。

昨日夢を見ました。狭い小屋の中で、私を含めた女ばかり10人ほどが薄汚れた服を着て小声で話しています。「明日班長さんに数分ずつでよいからお風呂に入らせてもらえるように頼んでみようか」と誰かが言いました。

戦争体験者からはこれのどこが戦争の夢？　こんなものじゃないよとしかられそうですが、私にとってはかなりショックな夢でした。自覚していなかったけれどストレスを感じているのだと思います。

有事の際の避難計画を検討中とのことですが、どうにも空絵事で現実味がなく不安です。

１〈命の値段〉

命の値段に差などつけられるはずもありませんが、現実的には差をつけて避難の順位を決め島からの脱出を図らねばなりません。まずは余命の長い幼児や児童とその両親。次に島を復興するための（島に帰ればの話ですが）若い力、青少年から30、40代の人たち。先の子供たちの親もここに入りますね。中高年や自力で歩ける高齢者は？　介護が必要な人たちの順番は？

介護者も一緒でないと困ります。

市長や議員の皆さんは最初に脱出して安全なところから指揮しないといけませんね。あなたが最後まで島に残って住民全員の島外脱出を見届けるのでしょう。まさか順番に血縁などの例外はないでしょうね。ちなみに私はただの高齢者です。

２〈持ち物？〉

脱出時に一人が持ち出せる荷物は何キロですか？　水や食料は各人の責任ですか。何日分必要ですか。衣服や食器や寝具などはどうすればいいのですか。それとも着の身、着のままでも大丈夫ですか。避難先での受け入れは衣食住とも約束されているのですか。期間は何日ですか、何年ですか。ペットは連れて行けますか。牛や豚はどうですか。私は愛犬を連れて行けないなら島からは出ません。家族ですから。

３〈財産の保証〉

家屋敷、畑、家畜など持っていけない財産は誰が保証してくれるのですか。爆弾を撃ち込まれ破壊され荒れ果てた後はどうするのですか。帰島できればまだましですが牛や豚、鶏は放していくのですか。閉じ込めたままなら戦死します。いまだに終わっていない福島の原発事故を思い出します。

４〈八重山の歴史書に明記を〉

これまで基地のない島として穏やかに暮らしてきた島民に不安と分断の種をまいた市長と議員のお名前は八重山の歴史書に明記して後世に伝えていただきたい。住民の投票したいという単純な要求さえも無視した独裁者の責任は誰ですか。責任を明確にしてください。ごまかしの選挙公約で当選し、民意は我にありと言い張るおつもりですか。責任を明確にしてください。有事は今回に限りませんよ。今後世界が不安定になる度に軍事基地があるために標的になるのです。子孫が、何世代にも、永遠に。

以上１〜３の質問に為政者の方からの答えをお待ちします。そうでないとまた変な夢を見そうです（「八重山毎日新聞」23年４月14日）。

「住民の投票したいという単純な要求さえも無視」とは、駐屯地開設の是非を問う住民投票条例直接請求署名が市議会で否決されたことを指す（第3章で詳述）。

笹尾さんと宮田さんの悲痛な叫びから、〝保護〟という名の〝疎開〟は実現性が乏しく、仮に行われたとしても島民の負担や犠牲があまりにも大きい。戦闘状態という有事を招き、大量の住民や観光客を空路や海路で〝保護〟するという、実現不可能な図上作戦をやるのなら、相手に脅威を与える長射程ミサイルの配備をしないことではないか。

思い起こしたい。太平洋戦争の末期、昭和19（1944）年あたりから米軍の日本本土への爆撃が多くなり、政府と軍は「学童疎開実施要綱」を発表し、国民学校3年生以上の児童を都市部から農村へ避難させる学童疎開させたことを。自民党本部の国防部会・安保調査会の合同部会で思わず出た〝疎開先〟という言葉は、「沖縄県国民保護図上訓練」が現代版〝疎開〟訓練であることをいみじくも言い表している。しかし今〝疎開〟を想定しているのは、学童だけでなく全住民と観光客の島ぐるみである。

先出の毎日新聞の記事は次のように締めくくっている。

> 石垣駐屯地などに配備されている12式地対艦誘導弾は将来的に、射程を現行の200キロ程度から1000キロ超に伸ばす改良型に置き換わる可能性がある。改良型は相手国のミサイル発射拠点などをたたく反撃能力（敵基地攻撃能力）の手段になり得る。実際に配備されれば「相手国から真っ先に攻撃される基地になる」と懸念する声が野党から出ている（「毎

日新聞」23年4月4日）。

ここまで住民を不安にさせている保護訓練。戦場化させないために、憲法9条を生かし命懸けの外交を行うことにこそ汗を流すべきではないか。

犠牲になるのは住民と観光客である。現代の島ぐるみ〝疎開〟計画は現実感のない、まさに机上の空論である。しかし石垣島を含む先島諸島が「武力攻撃予測事態」になり、図上とはいえ島民と観光客12万人を〝疎開〟させるという大掛かりな訓練を行うところまで「戦争国家づくり」が進んでいる事実に唖然としてしまう。

市民生活に入り込む自衛隊・軍事訓練

駐屯地開設後、自衛隊は市民生活に巧妙に入り込んできている。駐屯地周辺をはじめ北部や市内各所で軍事車両が走行、公務以外での迷彩服の着用、駐屯地の一般開放（23年10月8日）、石垣島まつり市民パレードへ迷彩服を着用して参加（同年11月5日）。24年1月18日には、市教育委員会が市内中学校長宛、自衛隊作成資料を職場体験学習の資料として活用を依頼し、教育現場にまで入り込もうとしている。

迷彩服は、子どもを持つ隊員が保育園へ送迎する時にも着用されてくる。ある保育士は勇気あることに「戦闘服はやめてほしい。せめて上に何か羽織ってください」と申し入れたが聞き入れられなかったという。駐屯地司令は「僕たちはこの服に誇りを持っているんです」と答えている。藤井さんは「誇りを持つのは自由だが市民生活の中で着用するのは意味が違う」と怒りを込める。自衛隊には服務規程があり私服通勤が許されるのは、公共交通機関を利用する場合と、宿舎の近くに自衛隊に反対する市民団体の事務所がある場合だという。「私たちが何か危害を与えるかのようないいぶりだ」とさらに怒りを露わにする。戦後78年間基地がなかった石垣島で戦闘服の自衛隊員を見れば、戦争体験者は不安を募らせる。通勤や市民生活の中でも戦闘服を着用するのは、住民に戦闘服を慣れさせ「自衛隊が島を守ってくれている」というイメージを浸透させる効果を狙ったものだろう。

宿舎がある地域の公民館へまとめて隊員の加入が申し込まれている。石垣島では公民館は行政の末端を担うだけではなく自治組織である。その公民館長は加入を断っている。北部の公民館回覧板に「自衛隊による通信訓練」が７月３日と４日に平野周辺で行われるので、公民館のトイレをお貸しします」と掲示された。公民館長は訓練の詳細について知らされていなかったためだ。

「平和と自然を守る市民連絡会」へ発展改称

石垣島に自衛隊駐屯地が開設された。藤井さんは「『できてしまったものを反対しても仕方がない』という住民感情もあります。しかし声をあげ続けていかない限り、島が標的になり戦場化され、78年前の沖縄戦のように石垣島が捨て石にされてしまうと前年度末から議論を重ねた」という。４月15日「石垣島に軍事基地をつくらせない市民連絡会」から「石垣島の平和と自然を守る市民連絡会」へ改称し、次の柱の活動を継続することになる。

1、市民の生活と基地被害から守る。市民の生活権、人権、環境権を守る。

2、戦争準備の動きをやめさせ、島を戦場にさせない。長射程ミサイルの配備はさせない。基地を拡大させない、撤去を目指す。日米共同訓練、米軍の常駐はさせない。同じ志の全国、全県の運動と連帯しよう。

3、軍事力でなく外交で台湾有事を起こさせない。市民レベルで近隣諸国との市民交流をしよう。

4、監視活動に取り組む。

藤井さんは「軍事基地をつくらせない市民連絡会の三つの柱と同じなんですけれども」と前置きしながら、新市民連絡会の活動目標について意義をコメント。一つ目に掲げているのは、出来てしまった駐屯地の基地被害から市民の生活を守ること。自衛隊配備、ミサイル基地への賛成・反対にかかわらず基地被害から市民生活を守ることを最重要課題と位置づけている。三つ目に掲げているのは、やっぱり外交が重要ということで市民レベルでもできる外交に取り組もうということ。というように衣替えした市民連絡会の活動方向は意欲的だ。

新「市民連絡会」は早速活動を始動。真っ先に取り組んだのは、チラシの作成と配布だ。

Ａ４サイズの表面は明るい黄色地に「島々を戦場にさせないで　それには、声を上げよう」のトップ見出しが踊り以下のリードが続く。

５年間で43兆円もの軍事費、増税なんてイヤだよ、そのお金暮らしに回してよ
今あるミサイルだけでなく、ほかの国に撃ち込むミサイルまで置いたら、島はますます攻撃目標にされる、はっきり断ろう
アメリカ軍が来るのは島で戦争するためだよ、止めよう
基地を拡げ兵器を増やすの、やめさせよう
国、県、市に、平和は外交を求めよう　お隣の国の人たちと仲良くしよう　街頭スタンディングや集会に参加して、みんなで声を上げよう

住民感情に沿った心揺さぶる呼びかけだ。下の見出しの「戦争になると、止めるのはむずかしい　今こそ戦争回避の一歩を！」に続く。

〝台湾有事〟〝ミサイルが飛んでくる〟は、プロローグで紹介したナチスの軍人ヘルマン・ゲーリングが残した言葉の沖縄版と言える。このチラシにはちゃんとその発信源が告発されている。

圧倒的多数の台湾市民は「独立」ではなく「現状維持」を望んでいます
中国政府も「台湾が独立しようとしない限り平和的に統一」が基本方針です

「侵攻近し」「台湾有事は日本有事」の大宣伝はみな「米政府発」「日本政府発」ばかりです

裏面はモスグリーン調の地色に「島が戦場になったら　逃げられないさぁ」の見出しだ。

「自衛隊配備は抑止力、安全」だったはずが、駐屯地が出来たら「住民避難!・シェルター整備!」。

でも逃げられるでしょうか?　石垣島が戦場になる時は、まず何千人もの自衛隊、米軍と大量の車両、物資が送り込まれます。

空港、港湾は軍事優先・避難後回しで、ミサイルの撃ち合いになれば真っ先にガレキの山に。全島避難には、旅客機、船がフル回転でも最低5~6日(市当局)がかかるのに。

急速に進む日米一体の軍事要塞化

駐屯地が開設(23年3月16日)されてから、PAC3の配備、日米共同訓練など石垣島は日米一体の軍事要塞化が急速に進んでいる。

4月26日には駐屯地にPAC3が配備される。北朝鮮が打ち上げ予定の軍事偵察衛星発射に備えて破壊措置準備命令が出されたことに伴うものだ。石垣島以外、宮古島、与那国島にも配備される。「市民連絡会」は、即座に記者会見を開き「国際社会と連携し北朝鮮に国連決議を守らせるため政治的外交努力の強化を。先島へのＰＡＣ３配備を撤回すべきだ」と抗議声明を出す。声明は「ＰＡＣ３は着弾寸前の弾道ミサイルを迎撃する射程数十キロのミサイル。大気圏外を通過する北朝鮮のミサイルには対応できないと軍事専門家も見ている」と指摘する。

北朝鮮は5月31日と8月24日の打ち上げには失敗に終わったものの、11月21日の３回目の打ち上げに成功している。ＰＡＣ３はレーダーや発射機を備え、車両で移動できる。６月２日には南《ばい》ぬ浜《はま》新港地区旅客船バース横へ物々しく置かれる。７月11日からは人工ビーチ横へ移動。港湾労働者や市民、観光客の安全はなおざりに、８月末まで新港地区に展開。「市議会野党連絡協議会」の会長を務める花谷史郎市議は「旅客船が入り、海外から訪れる人も多い港。ＰＡＣ３を見せつけられれば、危険場所と印象付ける」と危惧する。その後駐屯地内に移動している。

藤井さんは「韓国が昨年６月同じような軍事衛星を打ち上げた時には落下物を迎撃する態勢を取らなかった。なのに今回地対空誘導弾パトリオット（ＰＡＣ３）を配備するのは、北朝鮮の暴挙を口実に住民を煽りながら実際には、打ち上げられたミサイルへの対応というよりは、石垣、与那国、宮古の自衛隊基地が弾道ミサイルで攻撃される事態への対処・軍事訓練の一環でやっている。戦争準備、基地機能強化や拡大は断じて許されない」と手厳しく批判する。

６月11日から13日にかけて民間港の石垣港に入港予定だった米海軍掃海艦が、台風３号の接近で中止されたが、９月７日に通常入港している。９月14日には米海兵隊のオスプレイが緊急着陸。20年、21年に次いで３回目の飛来だ。「市民連絡会」はその都度記者会見し、抗議声明を出し抗議行動を行っている。

10月14日から31日には、日米共同訓練レゾリュート・ドラゴン23で米軍約80名、陸上自衛隊約40名が参加し、駐屯地内での米軍レーダーによる合同訓練や、初めて陸自オスプレイによる負傷兵の後送訓練が新石垣空港を使用して行われ、24日には、日米共同記者会見、訓練展示も行っている。今後も、米軍の遠征前方基地作戦（EABO）や11月15日には海兵沿岸連隊（MLR）開設、長射程ミサイル配備、駐屯地の拡大強化など日米一体の軍事要塞化が進められようとしている。

今年（24年）に入ってからも、3月には米海軍ミサイル駆逐艦の石垣寄港の予定がある。

憲法9条の碑が支える鳩の像

藤井さんは「今こそ戦争か平和かが問われている時はないと思います。本土に住む人と温度差があるかもしれないけれど、私は今の政治の方向に強い危機感を持っています。石垣島を戦場にさせないという一心で市民連絡会の活動をやっていますが、石垣島も沖縄も本土も戦場にさせない、そのために声をあげ行動する時です」と力を込める。そして石垣市新栄公園の一角に立つ憲法9条の碑に触れた。

碑といえば普通台座がありその上に立てられるものだが、この碑は直接地面に埋められて立っている。碑には「戦争の放棄」が大きく横書きされ、その下に第9条の全文が刻まれている。台座なしで碑が直接地面に立っているのは、大地を国民に見立て9条が国民の中に深く根差してこそ平和が守られるというメッセージである。９条の碑の背面から岩が飛び出している。背面の写真を見入ると、９条を刻んだ碑より一回り背丈が高い、平和のシンボル鳩の像が９条の碑と抱き合わされている。これが意味するところも明らかだ。今、倒れようとする平和が、憲法９条によって支えられているのだ。

というふうに２００４年に建立された憲法９条の碑はユニークである。碑の横には建立の主旨を説明する小さな石碑がある。「憲法９条は、日本の平和及び安全の道標であることを確信している。しかし内外の諸情勢は、いぜん厳しいものがある。よって私たちは迷うことなく『憲法９条の碑』をここに設置し、改めて内外にその意義を闡明《せんめい》にする。２００４年11月３日憲法９条の碑設置石垣市民の会　デザイン・潮平正道　書・豊平峰雲」とある。

八重山群島や石垣島は78年前の沖縄戦のように地上戦はなかった。しかしマラリアによって多くの住民が命を落とした。日本軍の命令によって住民が強制疎開（移住）させられたことから「戦争マラリア」と呼ばれている。

日本軍は、住民が戦闘の足手まといになる、住民が軍の機密を漏らす可能性がある、軍の食料調達の支障をきたすと判断されて、当時マラリア有病地帯と知りながら、住民を石垣島の山間部や波照間島から西表島などへ強制疎開（移住）させたのだ。そのために多くの人々がマラリアに集団罹患し、当時の八重山の人口３万１６７１人のうち、実に53・３％《パーセント》の人が発症し、11・５％《パーセント》に当たる３６４７人が亡くなっている。戦争中、軍命によって引き起こされたマラリアをそれまでのマラリアと区別して「戦争マラリア」と呼ばれている。

死者は、主に10歳以下の幼児と61歳以上の高齢者に多く、また、石垣島の日本軍もキニーネなどの抗マラリア薬の欠乏で、680人の将兵が戦わずしてマラリアによって病死している。軍は、保有していたキニーネを住民には与えなかった。戦争で犠牲になるのはいつも住民であり、兵卒である。

藤井さんは「島を戦場にさせないために──今こそ憲法の出番」と力を込め、「軍事力で平和は築けない。軍隊は住民を守らない。沖縄戦の教訓です。基地ができた今も、私たちの街頭からの訴えに少なくない市民が共感の意思表示を示している。台湾有事を起こさせない、私たちは、石垣島から『島を戦場にさせない！ミサイルより外交を！大軍拡ストップ！』の声と行動を上げ続けます」と明るく語る。

第3章

立ち上がる住民、議会、知事

石垣島に自衛隊駐屯地配置の動きが持ち上がって以降、予定地の平得大俣で地元ぐるみの反対の声が上がり、「市民連絡会」が立ち上げられたことで全島的な活動が広がった。その画期と言えるのが駐屯地の工事着工を目前にして、駐屯地設置の是非を問う住民投票条例直接請求署名運動が全市民的規模に広がったことだ。

駐屯地開設の是非を問う住民投票条例直接請求署名4割近く

18年10月13日、駐屯地開設の是非を住民投票で問う「石垣市住民投票を求める会」が発足する。結成総会で採択された住民投票条例請求の趣旨には次のように述べられている。

石垣島の聖地である於茂登岳の麓に陸上自衛隊の配備計画が進められています。美しく豊かな自然と文化の観光都市に、誘導弾(ミサイル)部隊の配備がされると、どんな影響が出るのか情報も共有されずに、於茂登岳の水はどうなるのか自然環境への影響はどうなのか調査されもせずに工事着工されていいのでしょうか? 後世に悔いを残さないために、平得大股への陸自配備を賛成・反対の市民の意思をはっきりわかる形にするべきではないかという思いから、憲法・地方自治法・石垣市自治基本条例が保障する権利で、住民投票を実施することを直接請求します。

「求める会」の中心になったのがマンゴー農家の金城龍太郎(29歳、当時)さんだ。石垣島の高校を卒業後、大学進学のためにアメリカに渡った金城さんは、卒業後、故郷への思いが強くなり家業の農業を継ごうと石垣島に戻ったが、自衛隊の配備計画を巡って対立する住民同士の光景に違和感を感じたと振り返る。

これから島で生きていく中で、島の先輩方もそうですし、みんながちょっといがみ合っている状態だと暮らしづらいなっていうのは感じていました。島外で安全な場所にいる方がこの計画を進めたりしていています。住民投票をしてお互いの意見を尊重しあいながら、島内での正解を探るきっかけを作りたいと思いました「ＯＴＶ沖縄テレビ放送」23年３月30日）。

決して容易ではない住民投票条例請求署名を短期間に有権者の４割近くを集約したのだから、リーダーは労働組合の活動家か、住民運動の経験がある人物だろうと思われたが、そうではなかった。金城さんやその同級生などこれから石垣島を担っていく若者たちが奔走したのだ。むろん「市民連絡会」も全力をあげた。

署名は同年10月31日から11月30日の１カ月間取り組まれ、有効署名１万４２６３筆が集約された。有効署名とわざわざ断ったのは無効署名が一定数伴っているからだ。通常無効とされる署名は１割といわれる。無効と判断されたとはいえ、実際の署名運動の広がりは１万６千近いと見られる。１万４２６３筆は石垣市の場合、地方自治法で有権者の50分の１と定められている必要数７７５筆を大幅に上回る数である。全有権者の４割近い有権者の署名が短期間に集約されたのだ。そこには陸自駐屯地に長距離ミサイルが配備され、石垣島を守るどころか、標的になるのではという不安、危惧が込められている。

住民投票条例直接請求署名は一般の署名活動と異なり、数々の制約・条件が課せられており、最小必要数をクリアするだけでも相当の運動量を要する。そのことは大阪府と大阪市が誘致するIRカジノについて住民投票で是非を問えと条例直接請求署名（22年3月25日〜5月25日）にかかわった筆者が身をもって体験したことである。以下筆者が体験した直接請求署名の困難さを紹介しておきたい。

署名を集めることができるのはもちろん当該市民でなければならず、署名の集約者は受任者として登録しなければならない。被署名者もその市町村の有権者でなければならない。署名する姓名は住民票に記載されている字体でなければならず、略字や通称は認められない。街頭での署名集めはできず必ず個々の対面で集めなければならない。直筆でなければならず代筆は事実上認められない（できないことはないがかなり厳しい条件がある）。署名集約期間は2カ月間（石垣市の場合1カ月）に限定されている。これだけ条件が課せられていれば、一般の署名活動とは異なり困難を伴う署名運動だということが分かるだろう。

地方自治法に基づく住民投票条例直接請求署名運動の困難さは大阪の場合、署名運動期間の終了間際近くになってようやく上回ることができただけに、石垣市の到達数は極めて大きいといえる。全市有権者の4割近く集約されたことは市民的規模に広がったと言っていい。

念のために付け加えておけば、筆者は大阪のこの取り組みを過小評価するものではない。直接請求署名運動の取り組みが困難を伴うことを強調したいためである。実際この大阪の取り組みは意味があった。７月29日大阪府臨時議会は即日採決で「住民投票案」を否決したが、ＩＲカジノ推進派の自民党議員団が「住民投票の実施」自体には賛成するなど、無風だった議会に「民意」の一石を投じることができた。

住民投票条例案を否決、市民の意思を生かす道を探る

19年２月１日、住民投票条例案は付託された石垣市議会総務財政委員会で採決が行われた。結果、３対３の賛否同数となり砥板芳行委員長（自民党）が否決を表明したことによって否決されることになる。それを受けて行われた本会議でも賛否が同数となり、これまた平良秀之議長（公明党）が否決を表明したことによって否決されることになったが、自民、公明など与党が多数を占める市議会で特別委員会でも本会議でも賛否同数まで追い詰めた。

野党は４割近い駐屯地開設の是非を問う署名が集約された市民の提案を否決するのは「おかしい」として、陸自配備の賛否を問う選択肢を「賛成」から「容認」に変更し、議員発議で住民投票条例案を再提案した。しかしこの条例案も６月17日賛成８、反対11、退席１、欠席１で否決されてしまう。

ところで石垣市自治基本条例28条には次のような条項が明記されていた。「いた」というのは住民投票条例案が否決されてからその後、この条項が削除されたからだ。このことは後で触れたい。

第1項　市民のうち本市において選挙権を有するものは、……4分の1以上のものの連署を持って、住民投票を請求することができる。

第4項　市長は、第1項の規定による請求があったときは、所定の手続きを経て、住民投票を実施しなければならない。

地方自治法に定められている住民投票の規定とは別に、独自にこのような条例を定めている自治体は多くはないが、少なくない自治体でみられる。筆者が調べた限りでは川崎市、広島市、岸和田市、大和市などである。なぜ一定数の署名が集約された場合、住民投票を首長に義務付けているのだろうか。地方自治法の場合条例請求に必要な署名数は有権者の50分の1（2パーセント）である。先述したようにそれとてハードルが高いのだが、石垣市の条例がそれよりはるかに高い4分の1（25パーセント）以上にハードルを設けているのは、それぐらいの署名規模が集約された場合「一部の市民」ではなく一定の「市民の塊」が住民投票を要求していると評価してのことだろう。

地方自治法に基づく住民投票条例請求が必要署名数を集められても議会が否決することはしばしばありうる。議会の力関係と市民の意思がずれる。そもそも議会制民主主義は議員と議会に100パーセント委任しているわけではない。その間接民主主義の不十分さを補完するために地方自治法に住民投票を問える2%条項が盛り込まれている。石垣市の場合はさらに住民基本条例で4分の1（25パーセント）以上の署名があれば市長は住民投票実施を義務付けていたのだ。むろん住民投票の結果が直接法的拘束力をもつものではない。

「石垣市住民投票を求める会」は市議会で否決されてから1カ月半後の７月29日中山市長（行政）に面談し、「条例に明記されている通り市長は実施義務を果たすべき」として意見交換を行った。しかし市長は「議会で否決されたことで署名効力は消滅した」とし、住民投票実施の見解は得られない。

金城さんら「求める会」は、市民から託された1万４千人余りの思いを何としても結実させたい思いで、同年９月19日、署名の有効性と市長の住民投票実施義務を明らかにするため「義務づけ訴訟の提起及び仮の義務づけ訴訟」を那覇地裁に起こす。

金城さんはその時の思いを「実施しなくてもいいという前例ができてしまうと、今後も何でもありの市政運営になってしまうのではないかという、すごく懸念があります」（「ＯＴＶ沖縄テレビ放送」23年３月30日）と振り返る。

だが20年８月27日、「義務付け訴訟の提起及び仮の義務付け訴訟」判決で原告訴えは却下される。住民投票の会は控訴、上告してたたかったが、21年８月25日、最高裁は上告を棄却し敗訴が確定する。

自治基本条例の住民投票条項削除

21年６月28日石垣市議会は、市自治基本条例第28条の住民投票の請求に関する条項や、この条例が「市政運営の最高規範」とする規定を賛成多数で削除した（議長を除き与党10人が賛成、野党８人が反対、３人が退席や欠席）。

この暴挙に金城龍太郎さんは「住民投票をさせないための最終手段という印象」と憤る。仲地博・沖縄大名誉教授（行政法）は「議会で議論し尽くされた跡はない。住民投票は地方自治法でもできるので悲観するほどではないが、住民側としては手法を一つ封じられた」（「朝日新聞デジタル」21年6月29日）と語る。

仮に住民投票が行われたら、住民投票請求署名の到達規模から言って「駐屯地に迎撃ミサイルが配備されると聞いて賛成したのに、長射程ミサイルの配備とは話が違うじゃないか」と市民感情が爆発するマグマがあった。住民投票の結果に法的拘束力がないとはいえ、住民投票で駐屯地の開設に反対が圧倒的多数を占めたら、市長や行政、市議会は無視できないだろう。中山市長や与党は無視できない状況が惹起することを恐れた。だから住民投票条例条項を削除して、駐屯地開設に反対する住民をめぐる市民運動を牽制し、市民のマグマが爆発することを未然に封じたのだ。ここに「戦争国家づくり」推進勢力とそれを許さないとする市民との鋭い対決点がはらんでいる。

しかし金城さんら「求める会」はあきらめない。署名した人たちには投票する権利があったことを求める当事者訴訟を起こしてたたかう。23年5月23日、那覇地裁はまたも却下するが、藤井さんは「これもひどい判決です」とあきれ果てたようにいう。21年6月28日に市長に住民投票実施を義務付ける条例が削除されるまでは、署名した人には投票する権利があった。しかし裁判所はさかのぼることをせず、投票する権利について認めない判決を下したのだ。

藤井さんは「ただ住民の中にはもう基地ができてしまっているのだから、今から投票する権利があったことを求めても意味がないんじゃないかという思いもあることは事実です。でもこんなことによって市民が当然投票する権利があるのにこんな形でなくしたということについては許されないということをきちんと事実として認めさせることをやるべきだ」と語る。住民投票の会は控訴してたたかっている。

中山市政転換に向け保革共闘の市長選

16年に平得大俣への陸自駐屯地配備計画が明らかになって以降の18年、22年の石垣市長選の結果は、いずれも配備容認の現中山市長が当選。中山市長は「国防は国の専権事項」と政府に協力を続ける。しかし18年市長選で、中山市長は「(相手国を攻撃する)ミサイル配備なら反対」と発言せざるを得なかった。

22年の市長選挙は、駐屯地を受け入れる中山義隆市政を転換させようと、日本共産党などの野党市議や市民、一部保守系グループによる保革共闘体制で、砥板芳行市議(52)を擁立することが決まる。砥板氏といえば住民投票条例案が付託された市議会の委員会で賛否同数となり、委員長が否決を表明したことによって否決した、あの委員長の砥板氏である。市長選に臨むにあたって砥板氏は自民党を離党し、所属していた八重山防衛協会や日本会議を退会している。この保革共闘の市長選がどういう様相だったか。

22年2月20日、石垣市長選告示。候補者の砥板芳行氏は、同市真栄里の選対本部前での出発式で強い口調で現市政を批判。『世界がうらやむ石垣島。この島に生まれ、この島に来て、本当によかった。この島に住むすべての方々がそう思える石垣島。それをつくっていく政策を掲げました』と訴え、聴衆に『チェンジ市政！』の合言葉を叫んだ。

出発式の会場では、自衛隊配備や住民投票については語られなかった。ただ一人、国会議員を代表してあいさつした伊波洋一参院議員が「今、『台湾有事戦争』という戦争が沖縄を覆おうとしているが、それに対しても私たちが市民の立場、沖縄の立場、日本の立場で声を出すことが大切。石垣を平和なまま発展させるという意思を示そうではありませんか」と述べ、島を取り巻く平和と安全保障の問題に触れた（「沖縄タイムス」22年6月11日／川端俊一「日本一幸せあふれるまち」にミサイル部隊がくる――沖縄・石垣島でおきていること《市長選・後編》）

というふうに戸板氏は「チェンジ市政」を訴えたが、自らは自衛隊配備の是非について語らなかった。藤井さんは「保守の一部と『市政を変えたい』という野党市議・市民が共闘という初めての選挙でした。真逆の立場にいた砥板氏を推すことに納得できない市民もあり、わずか1カ月の闘いとなり惜しくも敗れました。同年9月に行われた市議選の結果は、定数22議席中与党11、野党8、中立3（議席数は現在のもの）で、議長は与党です。市長選・市議選とも自衛隊配備についてのワンイシューの選挙ではなかった。狭い密度の濃い地域社会の中で、集会に参加することや自らの意思を示すことすらためらうことなど市民の意思は、どこにあるのか選挙の結果だけでは判断できない」と分析する。

藤井さんはさらに、「安保三文書改定後の22年12月市議会で与野党がそれぞれ提案した『陸上自衛隊石垣駐屯地（仮称）への長射程ミサイル配備に関する意見書』が採択されました。野党提案は『長射程ミサイルの配備は容認できない』、与党提案は『長射程ミサイルの配備の影響について説明を求める』とタイトルは同じでも内容は異なっている」と指摘する。ここに市民の中にある自衛隊配備に賛成でも長射程ミサイル配備されれば、島が攻撃されるという不安・懸念が反映していることは確かである。

住民投票条例案否決の張本人が長射程ミサイル反対に

22年12月16日改定安保三文書が閣議決定されたことで、攻撃型の長射程ミサイルの配備が現実味を帯びてくると、その砥板氏は長射程ミサイル配備に反対を明言するに至る。どういう思いなのか。

私は自衛隊の配備そのものは必要だろうということで推進してきた立場です。ただ、配備計画が持ち上がった当時、防衛省側の説明は島々を守っていくためということでした。明確な攻撃の意思をもって近づく敵勢力に対し、迎撃するためだと。他国に届くミサイルではないと言っていたのです。

しかし、長射程ミサイルは相手国に直接届き攻撃できます。日本政府が念頭におく中国からすれば、自国に撃ち込まれるミサイルが目と鼻の先の石垣にあることになります。

仮に中国が台湾に侵攻する場合、バイデン米大統領は介入すると明言しています。日本の米軍基地から米軍が出撃するようになれば、中国が自衛のためとして真っ先にミサイルを発射するのは石垣島ではないでしょうか。

そうした危険を呼び込む長射程ミサイルが自治体すら知らないうちに配備される恐れもあります。防衛の手の内は明かせないとする理屈があるからです。だからこそ市民の生活を預かる石垣市長が、長射程ミサイルが配備される前の現段階で容認できないとはっきり言うべきなのです。

ところが中山義隆市長は「琉球新報」2月5日付のインタビューで「大きな懸念はなく、基本的には容認だ」と述べたと報じられました。私は議会で質問しましたが、中山市長は否定も肯定もせず、はぐらかすだけでした。

一方、中山市長や自公政権を支持する市議たちは、有事の際に島民をどう避難させるかに議論を向けています。ですが、避難できたとしても戦場になれば、この島で元の日常を取り戻せない状況になるかもしれない。

いま大事なのは逃げることではなく、絶対に「台湾有事」を起こさせないこと。外交だけでなく中国、台湾との経済的依存関係も生かし、日本は国を挙げて取り組む必要があります。そのためにも長射程ミサイルが石垣に配備されることの重大性、危険性を広く市民に知らせなければと考えています（「しんぶん赤旗」23年3月28日）。

砥板氏は長射程ミサイル配備に反対するだけではない。「いま大事なことは逃げることではなく、絶対に『台湾有事』を起こさせないこと」――砥板氏がはっきりと外交努力、経済的相互の依存関係を活かすことを強調していることは、〝台湾有事〟が叫ばれている時決定的に大事な立場である。住民投票条例案が付託された委員会で賛否が同数となり、委員長の否決表明によって否決した〝戦犯〟というべき人物が、今こうした立場を表明するようになったことは石垣島の大きな希望だ。

陸自の沿岸警備隊が配備されている、文字通り〝台湾有事〟の最前線与那国島でも「話が違うじゃないか」と同様のことが起きている。その与那国島に一昨年（22年）末ミサイル部隊の配備計画が突如浮上したのだ。小さな島にそのための東京ドーム4個分という18万平方メートルの用地を取得することが明らかになっている。「（当時防衛省が）監視部隊の名称を明言していた。島の発展の起爆剤につながると誘致した」と振り返る外間守吉前町長は、国の暴挙に「騙された」と怒りを露わにする。当時の駐屯地起工式の写真を見ると横断幕に「与那国沿岸監視部隊配置に伴う造成工事」とはっきり書かれている。「なぜ中国が我々にミサイルを撃ってくるのか。何を根拠にいうのか全く分からない。銃口を向けるということは中国にとってはありがとう、我々が撃つぞと〝お膳立て〟を逆に日本政府はしている」と批判する。前町長と一緒になって誘致を進めた前西原武三前議長も同様だ。

他方、中山市長はどうか。駐屯地の開設まで週間を切った3月10日、沖縄テレビのインタビューに「これは国の安全保障全体を危機にさらすことになりますので、ひとつの地域の住民投票だけでやる・やらないを決定するのは難しいのかなと。住民投票は基本的に意見を出すところであって、その後に法的拘束力は無いと言いますので私は、それはもう必要ないかと思います」と述べた。

この発言は安全保障に関わることは国の政策に関わることだから市民は口出しするなと言っているに等しい。しかし先述したように住民投票を実施していたら「話が違うじゃないか」とマグマが爆発していた可能性が十分ありえた。住民投票の結果に法的拘束力がないが為政者に無視できないほどの衝撃を与えていただろう。中山市長のいいぶりはまるで「お上に従え」である。砥板氏となんという違いか。

沖縄県議会―対話と外交による平和構築を求める意見書を可決

第1章で触れたように沖縄県議会は3月30日、「沖縄を再び戦場にしないよう日本政府に対し対話と外交による平和構築の積極的な取組を求める意見書」を賛成多数で可決している。反対したのは自民党議員団のみだ。

意見書は、日本政府に「軍事力による抑止ではなく、外交と対話による平和の構築に積極的な役割を果たすこと」を求める画期的な内容だ。全文を引いておきたい。

令和4年12月16日に閣議決定された国家安全保障戦略、国家防衛戦略及び防衛力整備計画の3つの文書には、反撃能力の保有、防衛体制強化のための南西地域の空港・港湾建設等の整備・強化及び第15旅団を師団に改編すること等、沖縄の軍事的負担を強化する内容が記述されている。

また、沖縄本島のうるま市をはじめ宮古及び八重山地域へのミサイル配備、航空自衛隊那覇基地の地下化及び沖縄市の弾薬庫建設等、本県の軍事要塞化も進んでいる。

アジア太平洋地域の安全保障環境が厳しさを増していると言われる中、軍事力機能の増強による抑止力の強化がかえって地域の緊張を高め、不測の事態が生ずる危険性が増すことへの懸念は拭えない。また、反撃（敵基地攻撃）能力による攻撃は、相手国からのミサイル等による報復を招くことは必至で、「沖縄が再び『標的』とされる」との不安が県民の中に広がっている。

当該3文書は、中国の対外的な姿勢や軍事動向等を国際社会の平和と安定への最大の戦略的な挑戦と位置づけており、南西諸島への軍事的機能の増強が進んでいる現状は、明らかに中国を意識したものである。

一方、日本と中国はこれまで「日中共同声明」をはじめ、「日中平和友好条約」、「日中共同宣言」、「戦略的互恵関係の包括的推進に関する日中共同声明」及び「日中関係の改善に向けた話合い」等に基づき、両国関係のさらなる深化と諸問題の解決を進め、平和共存の道を歩んできた。

中国は今や日本にとって最大の経済パートナーで、お互いにとって必要不可欠な関係が既に構築されていることから日中両国は、国民の命を荷かし、アジア太平洋地域において甚大な経済損失を生み出すことがないよう緊張緩和と信頼醸成を図り、平和構築への最大限の努力を払うべきである。

よって、沖縄県議会は、日本政府に対し、対話と外交による平和構築への一層の取組により、決して沖縄を再び戦場にしないよう強く求め、下記事項について強く要請する。

記

1　アジア太平洋地域の緊張を強め、沖縄が再び戦場になることにつながる南西地域へのミサイル配備など軍事力による抑止ではなく、外交と対話による平和の構築に積極的な役割を果たすこと。

2　日中両国において確認された諸原則を遵守し、両国間の友好関係を発展させ、平和的に問題を解決すること。

この意見書の画期的なことは、72年日中両国が国交回復して以来平和共存を歩んできたと振り返り、日中関係を最大の経済パートナーと位置付け、対話と外交による平和構築を強調している点にある。

賛成討論に立った渡久地修県議（日本共産党）は、岸田政権の大軍拡が「78年前の沖縄戦の悲劇を引き起こした戦前の動きと重なって見える」と指摘。米中対立と〝台湾有事〟が煽られる中、軍拡を進める日本が米国の戦争に参加させられ、それによって想定される結果について二つのアメリカの報告書に触れている。

一つは米議会調査局（ＣＲＳ）の昨年1月の報告書――「中国が台湾を攻撃する場合、日本の南西諸島に近い場所で軍事作戦を行う可能性が高い」「仮に米軍が台湾有事に介入する場合は、在日米軍基地が関与する可能性があり、その場合、日本は中国の攻撃目標になる可能性がある」。

もう一つは米シンクタンク「戦略国際問題研究所」（ＣＳＩＳ）の、中国による台湾侵攻を想定した机上演習（ウォーゲーム）結果の報告書（23年1月）――「沖縄では中国のミサイルによって多くの航空機が地上で破壊される」「嘉手納基地は破壊された多数の航空機、多くの遺体を埋葬する仮設墓地を有するようになる」。

というように〝台湾有事〟に巻き込まれれば、沖縄に再び悍《おぞ》ましい結果がもたらされることは必至だろう。これらの報告書を紹介した渡久地氏は「戦争は始まる前に止めなければならない」と力説し、軍事力による抑止ではなく、外交と対話による平和構築を求める意見書の意義を訴えたのだ。４月24日、沖縄県議会の要請団は防衛省を訪れ、日中両国間の緊張緩和と平和構築に向け、国に対話と外交に積極的に取り組むよう求める意見書を木村次郎防衛政務官に提出した。

沖縄県は、23年4月から知事公室特命推進課に地域外交室を設置している。「県独自の歴史的・文化的特性等のソフトパワーと国際ネットワークを最大限に活用し、アジア・太平洋地域の平和構築と相互発展に向けて、平和的な外交・対話による独自の地域外交を展開する」ことが目的だ。玉城デニー知事は記者会見（４月14日）し、訪中について「観光、経済、文化交流といった友好的な関係を構築していくためにさまざまな基盤を固めていきたい。それによって地域の緊張緩和や信頼醸成の構築に貢献していきたい。それが沖縄県としての役割であり、アジア全体の平和的な構築につなげていけるよう取り組んでいければ」と述べている。玉城知事は7月4日から7日まで、日本国際貿易促進会（河野洋平元衆議院議長団長）の訪中団に同行訪中した。「現代ビジネス」の近藤大介氏は玉城知事の訪中を次のように評価している。

7月4日から7日まで、玉城デニー沖縄県知事が中国を訪問した。4年ぶり3度目の訪問だ。河野洋平元衆議院議長率いる日本国際貿易促進会（国貿促）の訪中団に同行しての訪中だったが、河野団長の存在がすっかり霞んでしまうほど、玉城知事の一挙手一投足に注目が集まった。

「デニー」は中国語で、「丹尼」（ダンニー）と表記する。「玉城丹尼」は中国メディアでも、連日、話題の中心だった。

玉城知事は訪中前に、中国を代表する国際紙『環球時報』の取材を受けた。7月3日付同紙に掲載されたインタビューの「前振り」では、こう紹介されている。

〈ロシアとウクライナの衝突の後、日本政府はいわゆる「台湾有事はすなわち日本有事」とのでっちあげを加速してきた。ところが、玉城丹尼は固く述べた。その論理によって沖縄を戦場にしてしまうことは、決して許さないと。

玉城丹尼は、3月にアメリカを訪問。軍事衝突は、中国とアメリカ両国の国家利益を損害するため、日米は情勢を緩和するよう努力しなければならないと考えている。今回の訪問で、中国との悠久の往来史の旧交を温め、今後さらに深い（中国と沖縄の）交流の機会が作られることを願う〉

つまり中国側は、玉城知事は「平和と交流の士」であり、中国と沖縄の長い交流の歴史を呼び起こす象徴と捉えているのである（「現代ビジネス」23年7月11日）。

纐纈厚氏は前掲書で、ドイツのウィリー・ブラント首相の下で経済協力相等を務めたエゴン・バールが提唱した「接近による和解」を紹介し、離れて批判するのではなく、接近することで和解への途を開き、平時から戦争の可能性を削いでいくことの大切さを説いている。一地方の知事とはいえ、しかし中国と隣り合わせる沖縄県の知事が独自の外交活動を行うことは、バール流にいえば「接近外交」と言える。

ジグザグしながらも長射程の攻撃型ミサイルの配備について反対し、両国間の友好関係を発展させ、平和的に問題を解決する外交努力によって戦争を未然に防ごうとする動きが生まれてきているのは希望である。

山本章子琉球大学准教授はいう。

……最近幅を聞かせる主張で一見説得的だが、軍拡競争は敵対する国同士の不信感を高め、偶発的衝突から戦争に至る場合が多いという国際政治学の基本からすれば非現実的だ。とりわけ通常戦力による抑止の場合には軍事力では相手を上回ることが前提とされるが、日本と台湾が中国に優位になることは今後10年間軍拡を続けても不可能だといわれ、この主張は絵空事でしかない。米国を含めても軍拡を続ける中国の方が将来的に上回ると予想される。太平洋戦争の処理が終わらぬ日本は、戦争ごっこをいそしむ前に戦時体験から学ぶことなどやるべきことがある（「朝日新聞」23年5月11日「沖縄季評」）。

実際改定安保三文書の総論にあたる「国家安全保障戦略」には、ロシアによるウクライナ侵略と同様の深刻な事態がアジアで発生する可能性が排除できないとして、インド太平洋地域の情勢や中国、北朝鮮、ロシアの危険が述べられている。「中国が力による一方的な現状変更の試みを拡大している」「我が国近海への弾道ミサイル発射を含め台湾海峡周辺海空域において軍事活動を活発化させており、台湾海峡の平和と安定については、我が国を含むインド太平洋地域のみならず、国際社会全体において急速に懸念が高まっている」と、その中心は中国である。台湾海峡の紛争は、日本が無視できない国際紛争だから関与せざるを得ないと言わんばかりである。

〝台湾有事〟を煽り敵基地攻撃能力保有で軍拡競争の悪循環に陥るのか、それとも中国と対話を広げ、友好関係を発展させ軍拡競争の悪循環から抜け出すのか。中国はすでに日本の2倍の経済規模を有し、経済成長がもう30年も停滞している日本よりはるかにスピードが速い。国力の規模を冷静に眺めればこの「季評」は至言である。

しかし今起きている石垣島を含む先島諸島で相次ぐ陸自駐屯地の開設や長距離ミサイルの配備、国民保護という名の島ぐるみ島民脱出計画が頓挫し、シェルター設置の動きは、〝台湾有事〟の矢面に立たされる南西諸島だけの〝対岸の火〟ではない。それは次章で展開したい。

第4章

標的にされる国

南西諸島に陸自が初めて配備されたのは、16年与那国島の沿岸警備隊だった。その与那国島にミサイル部隊が新たに追加配備されることになったことはすでに触れた。「国境の島だから、ミサイルを置くのは当たり前でしょ」――「与那国島で民宿を営む狩野史江さん（63）は最近、宿泊客からそう言われた。狩野さんは嘆く。「まるでひとごとのようだった。あなたはミサイル基地のそばで安心して住めますか、と言った」（「毎日新聞」23年7月27日 記者の目「与那国島へのミサイル配備計画」）。南西諸島や先島諸島で起きていることはやはり遠いことなのだ。

しかし第1章で見たように〝台湾有事〟の矢面に立たされている最前線で起きていることは〝対岸の火事〟ではない。同じような敵基地攻撃の戦争国家づくりの動きは、沖縄を含む全土でも着々と進められようとしている。防衛省整備計画局がまとめた「自衛隊施設の強靱化に向けて」（令和4年12月23日）がそれを如実に物語っている。この文書の存在は23年2月26日号「しんぶん赤旗」日曜版のスクープ「核攻撃被害も想定―全国300自衛隊基地『強靱化』―防衛省が計画／岸田政権の『敵基地攻撃』の危険」によって明らかにされた（現在は防衛省のホームページに掲載）。22年12月23日と23年2月2日に防衛省がゼネコン40数社、建設コンサルタント50数社の担当者を集めて行った「自衛隊施設の強靱化」についての意見交換会で配布されたものだ。

同文書には「各種脅威に対する施設の強靱化」の整備目標として、各基地・駐屯地等約300カ所に保有されている約2万3000棟の建物やライフラインなどを、核兵器や化学、生物兵器などの攻撃に耐えられるよう「強靱化」するためとして次のような課題を挙げている。

・主要司令部等の地下化を推進。
・主要施設のＨＥＭＰ攻撃対策を推進。
・主要施設のライフラインの多重化を推進。
・多層抗たん性向上策として、分散パッドの整備等を推進。
・火薬庫の整備や、民間燃料タンク借り上げにより、必要保管量を確保。
・ＣＢＲＮｅに対する防護性能の付与として、施設の機能・重要度に応じた構造強化、離隔距離確保等の施設再配置・集約化等を実施。

核兵器などの攻撃に備え主要司令部を地下化

ＨＥＭＰとは、「高高度核爆発電磁パルスのことを示し、High-Altitude Electromagnetic Pulse の略です。数十キロ以上の上空における核爆発により地上に放射される電磁パルスを示しており、ＮＥＭＰ（Nuclear ElectroMagnetic Pulse）と呼ばれる場合もある。ＨＥＭＰによる電子・電気機器への影響が初めて観測されたのは、１９５０年代に行われた核実験の時である」（「ＥＭＣ対策・ノイズ対策の総合情報サイト」）。

ＨＥＭＰ攻撃は、地上約30～４００キロメートルという高高度の核爆発などで生じる電磁パルスによって広範囲の電気系統を破壊するものだ。核兵器といえば核分裂（もしくは核融合）によって瞬時に放出される巨大な熱エネルギーの、凄まじい破壊力と放射能汚染が〝ウリ〟だったが、核爆発由来の電磁パルスが、電子技術の塊である武器・兵器を撹乱し使い物にならないものにする、新手の武器になろうとしている。むろん直接大量殺人が可能な巨大熱エネルギーの〝ウリ〟がなくなったわけではない。

ＣＢＲＮｅ〈chemical, biological, radiological, nuclear, explosive の頭文字〉とは、化学・生物・放射性物質・核および爆発物の総称（小学館「デジタル大辞泉」）である。核兵器や高高度電磁パルス、化学・生物などの攻撃による防護のために、「施設の機能・重要度に応じた構造強化、隔離距離確保等の施設再配置・集約化」を図ろうという。

主要司令部等を地下化するのは、敵基地攻撃能力を保有した自衛隊の先制攻撃に対する相手国のＨＥＭＰ攻撃やＣＢＲＮｅ攻撃に備えるためである。

「主要施設のライフラインの多重化」は、攻撃されて主要施設のライフラインが一旦破壊されても、二重、三重化することによってライフラインが寸断されないようにしようというものだ。

さらに同文書には「日本への攻撃を想定して地下化　◎最適化事業について（防護性付与の現状）」が図解入りで説明されている。

「老朽化施設は、防衛施設が保有すべき防護性能を有していない」「○施設の機能に応じ、必要な防護性能を付与。例」として、・構造強化（壁厚の増）・地下化・空気ろ過システム（フィルター）・高機密ダンパー・飛散ガラス防止・監視センサーなどを挙げている。

構造物を強化・地下化し、空気ろ過フィルターなどを設置するということは、核攻撃や化学・生物攻撃をされても、司令部や軍事機能を守ることが想定されている。

23年3月2日開かれた参議院予算委員会で、小池晃議員はこの自衛隊基地強靭化計画問題を取り上げ、「核兵器による攻撃（相手の反撃）を想定して、すべての司令部を地下化し、構造を強化するものだ」と指摘。現在の戦術核は広島型原爆の数倍の威力だと強調し、「もしも使用されたら筆舌に尽くしがたい惨禍をもたらす。断じてあってはならないことだ」と警告した。防衛省・自衛隊が保有する全国2万3000棟を、核・生物・化学、電磁パルスなどあらゆる脅威に耐えられるよう、地下化や壁の強化といった改修をする計画は「日本全土の戦場化」（小池氏）を想定し、自衛隊の司令部だけは生き残ろうというものだ。

スタンド・オフ・ミサイルの配備を否定せず

核や化学・生物兵器による敵の攻撃を受けることを前提としているこれらの強靭化計画は、国民の安全と命に関わる重大な問題である。ここまできている「新しい戦前」――戦争国家づくりの実相を小池質問の国会議事録で追っておきたい。分かりやすくするために筆者なりの整理と説明を加えておきたい。

まずは石垣駐屯地への長射程ミサイルの配備について。

○小池晃君　……防衛省に聞きますが、石垣島にはいつどのようなミサイルを保有する部隊が配備されるんでしょうか。

○国務大臣（浜田靖一君）　陸上自衛隊においては、令和五年三月中旬に石垣駐屯地を開設する予定としております。石垣駐屯地には、中距離多目的誘導弾等を有する八重山警備隊、一二式地対艦誘導弾を有する地対艦ミサイル部隊、〇三式中距離地対空誘導弾を有する地対空ミサイル部隊を配置する予定であります。

〇小池晃君　弾薬庫から二百五十メートルも離れていない場所には住宅があります。防衛省、今後、長距離、長射程ミサイル、配備するんですか。

〇国務大臣（浜田靖一君）　今、スタンド・オフ・ミサイルの具体的な配備先は現時点では決まっておりません。

〇小池晃君　まだ決まっていないということは、これから配備する可能性があるということを認めるわけですね。

〇国務大臣（浜田靖一君）　一二式地対艦誘導弾能力向上型を含む各種スタンド・オフ・ミサイルの具体的な配備先は決定しておりません。

〇小池晃君　長射程ミサイルが配備されれば島（を）守るどころか攻撃対象になってしまうと、そういう市民の不安、当然だと私は思うんです。長射程ミサイルに反対している石垣市議会の決議には、防衛省主催の住民説明会では、配備されるミサイルは他国領土を攻撃するものではなく迎撃用と説明されたとあります。その説明を聞いて基地建設に賛成した人も少なくないわけです。総理、政府は約束守るべきじゃありませんか。長射程ミサイル、配備しないと断言していただきたい。

スタンド・オフ・ミサイルとは、敵とみなした相手国の対空ミサイルの射程圏外から攻撃できるミサイルのことであり、敵のミサイルが届かない「安全圏」から構える。しかし相手も「安全圏」に届くようにミサイルの長射程化させる開発競争の悪循環をもたらす。「安全圏」は束の間でしかない。「安全圏」にいようとすれば果てしない開発競争に打ち勝たなければならなくなる。

政府はスタンド・オフ・ミサイルの具体的な配備先が現時点では決まっていないと明言を避けるが、トマホーク400発を爆買いし（第６章で詳述）、12式地対艦誘導弾能力の長射程化の改良を決めているのだから、これらの長射程ミサイルが〝台湾有事〟の最前線である南西諸島４カ所（与那国島、宮古島、石垣島、奄美大島）や沖縄本島に配備されることは必至である。

「配備しないと市民に約束したから、駐屯地開設を認めた」ではないか

……略……

○小池晃君　……他国領土を攻撃するようなミサイルは配備しないと市民に約束したから、だから認めたんですよ、賛成した人もいるんですよ。にもかかわらず、長射程ミサイルは配備しないと約束守るべきじゃないですか。

○内閣総理大臣（岸田文雄君）　説明においては、こういったミサイルを配備することについて説明をした（傍点は筆者）というふうに承知をしております。こうしたミサイルにつきましても、先ほど申し上げました武力攻撃三原則を始め、今までの原則の範囲内での対応

であるということ、これは全く変わらないと認識をいたします。

岸田首相の長射程ミサイル配備の説明したという答弁は全くのウソである。次の浜田防衛大臣の答弁で崩れてしまう。

○小池晃君　長射程ミサイル配備するって説明したんですか。

○国務大臣（浜田靖一君）　現時点では、我々とすれば御説明したときに配備をしないというお話をした（傍点は筆者）わけでありますが、我々とすれば、いろいろな能力を考えれば、今後どのようになるかは分からないということであります。

○小池晃君　だから、配備しないと約束したんですよ、島の皆さんには。それを今決まっていないということは配備する可能性があるということじゃないですか。約束どおり配備しないと明言してくださいよ。（略）……

○国務大臣（浜田靖一君）　現時点では決めておりません。

○小池晃君　だから、これからは配備する可能性があるということですよね。玉城デニー知事は、もし敵基地攻撃能力を含むような装備を南西地域に持つとしたら、私はそれは憲法の意思とは違うと明確に反対する、抑止力の強化がかえって地域の緊張を高め、不測の事態が生じるのではないかと述べています。沖縄県民が求めているのは説明じゃないんです。ミサイル配備の中止なんです。

与党議員は長射程のミサイル配備によって抑止力を高めると声高にいうが、玉城知事が言うように「抑止力の強化がかえって地域の緊張を高め、不測の事態が生じる」というのが、安全保障のジレンマである。小池議員はさらに南西諸島だけでなく全国に長射程ミサイルの配備や弾薬庫を造ろうとしていると追及する。

全国各地に長射程ミサイル配備を否定せず、弾薬（火薬）庫配置を明言

しかも、このミサイル配備というのは南西諸島だけではありません。総理は、スタンド・オフ防衛能力の強化により、我が国の様々な地域から重層的に相手方の艦艇や上陸部隊等を阻止する能力を保有すると答弁されました。様々な地域と言うからには、これは地域限定ではない、全国各地に長射程ミサイルを配備するということですね。

○内閣総理大臣（岸田文雄君）　御指摘の様々な地点から重層的に艦艇や上陸部隊等を阻止、排除することは、国家安全保障戦略に記載されており、地上発射や艦艇、航空機など多様なプラットフォームからスタンド・オフ・ミサイルを発射することを意味しております。ただ、先ほど防衛大臣から申し上げたように、具体的な配備先は決定していない、これが現状であります。

○小池晃君　だから、南西諸島だけじゃないと、全国各地配備する可能性があるということですね。

○内閣総理大臣（岸田文雄君）　具体的な配備先は決まっていない、大臣から答弁したと

おりであります。
○小池晃君　だから、全国各地に配備する可能性が、逆に言えばあるということですね。
○国務大臣（浜田靖一君）　先ほどから繰り返し申し上げておりますが、いまだにこの全国に配備するということは決めておりません。
○国務大臣（浜田靖一君）　今の、総理からもお話をされましたが、これは国家安全保障戦略に地上発射や艦艇、航空機、多様なプラットフォームからスタンド・オフ・ミサイルを発射することを意味しているものと承知をしておりますと御説明をさせていただきました。いずれにしても、この全国における弾薬庫の配置というのは、これはこれから進めていくことであります。

防衛大臣が、長射程ミサイルが南西諸島に限らず、全国に配備される可能性を否定しなかったことは極めて重大な答弁である。また敵基地攻撃兵器を格納する大型弾薬庫の建設を全国に進めるという。弾薬庫と聞くとミサイルに搭載する弾薬庫と思われがちだが、弾薬とミサイルと一体の格納庫のことである。弾薬（格納）庫とミサイル格納庫がバラバラではいざという時に意味をなさないからだ。そのことは小池議員の以下の質疑で明らかにされる。

今年度予算に改良12式ミサイルを格納する火薬庫（弾薬庫）の建設費を計上

○小池晃君　全国に弾薬庫を配置するということなんですよ。来年度予算で、スタンド・

オフ・ミサイル等の大型弾薬の火薬庫、どこにどれだけ確保しようとしていますか。

〇国務大臣（浜田靖一君）　現在、国家安全保障戦略及び防衛力整備計画においては、自衛隊の十分な継戦能力の確保、維持を図る必要があることから、必要十分な弾薬を早急に保有することとしております。このため、弾薬の生産能力の向上及び製造量に見合う火薬庫を確保する、進めることとしております。このような火薬庫の整備に関して、令和五年度予算案では、陸上自衛隊大分分屯地や海上自衛隊大湊地方監部、地方総監部における火薬庫等の新設、大湊地方総監部、祝園分屯地及び呉地方総監部における調査に関わる経費を計上しております。なお、調査を行う地区については、火薬庫設置の候補地の一つとして調査を行うものであり、その結果を踏まえた上で整備の可否を判断することとしており、現時点において正式に火薬庫の設置を決めたものではありません。また、現時点で個別具体的な火薬庫について、スタンド・オフ・ミサイルを保管するか否か決定しているわけではありません。個々の弾薬を保管する弾薬の種類についても、その詳細を示すことによって自衛隊の能力を明らかにするおそれがありますので、具体的にお示しすることは困難であるということを御理解いただきたいと思います。

〇小池晃君　防衛省の資料に、スタンド・オフ・ミサイル等の大型弾薬等の火薬庫と書いてあるじゃないですか。そういうものを造るわけでしょう。スタンド・オフ・ミサイルを入れる、入れることができる、そういう火薬庫を造ると、今年度予算で。まずは大分分屯地と、それから大湊、それは決めているじゃないですか。間違いないですね。

○国務大臣（浜田靖一君）　これは大型のミサイルということであって、スタンド・オフ・ミサイルということではありません。

○国務大臣（浜田靖一君）　我々とすれば、その今おっしゃった大型のミサイルということであって、スタンド・オフというふうな、まだ我々としては想定をしておりません。（発言する者あり）

○国務大臣（浜田靖一君）　そこに書いてあるスタンド・オフ・ミサイルという表示については、これはまだ今現在存在をしていないわけでありますので、我々としての説明の仕方とすれば、この一二式の地対空、地対艦誘導型の向上型ということにお話をさせていただいているところであります。その中で、我々とすればその資料を作ったということであります。

依然、スタンド・オフ・ミサイルの配備計画を明らかにせず、それと一体の火薬庫の整備を曖昧な答弁で逃げようとしているが、米国から長射程巡航ミサイル・トマホークの購入と12式の長射程化の改良は既に決まっていることである（第6章で詳述）。

攻撃対象になる大型弾薬庫――10年後までに全国130カ所整備

○小池晃君　だから、地対艦、一二式ミサイルの能力向上型はスタンド・オフ・ミサイルでしょう。長射程ミサイルじゃないですか。それを置く火薬庫をもう設置することが来年度予算案には計上されている。この来年度予算では、トマホークなどスタンド・オフ・ミサイル、一・四兆円計上しているわけですね。で、防衛省ね、こうした、じゃ、大型ミサイルでいいですよ、大型ミサイル、長射程ミサイル、これを保管する大型弾薬庫、いつまでにどれだけ造るんですか、日本国内で。

○国務大臣（浜田靖一君）　国家防衛戦略及び防衛力整備計画においては、自衛隊の十分な継戦能力の確保、維持を図る必要があることから、必要十分な弾薬を早急に保有することとしております。このため、弾薬の生産能力向上及び製造量に見合う火薬庫の確保を進めることとしております。具体的に、令和九年度までに火薬庫の整備に係る計画として約七十棟程度を措置し、防衛省としてはおおむね十年後までには約六十棟程度の整備を目標としておるところであります。

○小池晃君　だから、十年後までに百三十の大型弾薬庫を日本国中に造るわけですよ。来年度予算の陸上自衛隊大分分屯地、すぐそばにはこれ大分市のベッドタウン、敷戸団地などがあります。敷戸団地地区全体で二千七百世帯が暮らしています。分屯地の真向かいには大分大学があります。京都の祝園分屯地も、これ精華町です。京都のまさにベッドタウンであります。青森の大湊、それから呉、大型弾薬庫造られる、更に今後百三十カ所。総理、ウクライナを侵略したロシアも弾薬庫を攻撃目標にしたじゃないですか。長射程ミサイルを保管する弾薬庫、これを百三十棟、市街地のすぐそばにも造る。真っ先に攻撃対象になるんじゃないですか。

○内閣総理大臣（岸田文雄君）　ミサイルや弾薬を十分な数量確保し、緒戦能力を高めることが重要であり、これは防衛力の抜本的強化の柱の一つです。このため、火薬庫を緊急的に整備をしていく、こうした方針を明らかにしているわけですが、委員の方から火薬庫は優先攻撃対象となるという御指摘でありますが、この防衛力の抜本的強化により、自衛隊の抑止力、対処力を向上させることで武力攻撃そのものの可能性を低下させる、これが基本的な考え方です。火薬庫の整備に当たっては、当然のことながら、関係法令に基づいて、周辺施設と十分な距離を確保するなど、これ安全面について配慮を行っていく、当然、こうしたこの配慮は十分行っていく方針であります。

○内閣総理大臣（岸田文雄君）　火薬取締法を始めとする国内の関係法案でありますあっ、法令であります。

しかし予定されている大型弾薬庫は住宅地に近接している場合が多い。京都の祝園分屯地や大分分駐屯地（通称・敷戸弾薬庫）、青森の大湊、呉も住宅地が隣り合わせだ。大分分屯地では弾薬庫新設中止・撤回を求める署名運動が始まっている。

この後小池議員は、22年12月23日と23年2月2日、防衛省がゼネコン関係者などを集めて自衛隊施設の強靭化について会合を持っていたことを明らかにする。それは第6章で取り上げたい。

戦前実際にあった大本営、天皇などの地下壕への移転計画

こうした長射程ミサイルの格納庫と一体の火薬（弾薬）庫が標的にされ、隣接する住宅地が危険にさらされることになる。一般住民までもが標的にされることになる。その一方で基地強靭化計画では司令部等を地下化することが含まれている。司令部だけは生き残ろうとする思想である。

前章で中山義隆石垣市長が「消防隊員や医療関係者のための緊急シェルターの整備が不可欠」と述べたことを紹介した。これは相手からミサイル攻撃を受けそうな事態が生じた際に、消防隊員や医療従事者がシェルターに逃げ込めるようにすることと、主要司令部等の地下化も司令部等の要員が優先的に地下の安全なところに逃げ込めるようにすることと同じ差別、棄民思想である。一度にシェルターや地下に逃げ込めることができない以上、一般住民の保護や救護に当たる要員が優先されていい、あるいは戦闘司令部等の要員が優先されて当たり前ではないかとの見方もあるだろうが、一般住民は〝保護〟するというものの曖昧、杜撰であることは前章の島民を県外に避難させる手順の図上訓練で見た通りである。攻撃される前に〝保護〟が間に合わないか、置いてきぼりにされる住民があるということだ。

ここで想起したいのは、長野市郊外にある戦争遺跡・松代大本営地下壕のことである。

舞鶴山《まいづるやま》現気象庁松代地震観測所を中心として、皆神山《みなかみやま》、象山《ぞうざん》に碁盤の目のように掘り抜かれ、その延長は約10キロメートル余りに及んでいます。

ここは地質学的にも堅い岩盤地帯であるばかりでなく、海岸線からも遠く、川中島合戦の古戦場として知られている要害の地です。

第二次世界大戦の末期、軍部が本土決戦の最後の拠点として、極秘のうちに、大本営、政府各省等をこの地に移すという計画のもとに、昭和19年11月11日から翌20年8月15日の終戦の日まで、およそ9箇月の間に建設されたもので、突貫工事をもって、全工程の約8割が完成しました。

この建設には、当時の金額で1億円とも2億円ともいわれる巨費が投じられ、また、労働者として多くの朝鮮や日本の人々が強制的に動員されたと言われています（長野市ホームページ「松代大本営地下壕について」）。


では松代大本営がどのような経過で造営されるようになったか。


……日本本土への空襲が近い内に必至と考えた大本営参謀井田（岩田）正孝少佐から、富永恭次陸軍次官に大本営の移動案が進言された。一九四四（昭和一九）年一月か二月ごろという。空襲が激しくなれば全軍を指揮する大本営の機能がマヒし、戦争遂行は不可能になる。東京から安全な場所に退避しなければならないと考えたのである。大本営の移動は同時に、戦争指導の最高統帥機関のキャップである天皇の動座を意味し、戦争と国民への影響は非常に大きなものとなるのであった。

五月ごろ富永次官から信州あたりに敵地を探すよう命じられた井田少佐たちは、長野県の松代付近に候補地を決めて報告し、七月に設計を進め、七月から八月、サイパン島はじめマリアナ諸島が占領されたため、大本営をいつでも移せる防空地下施設を緊急に造る必要があり、東條内閣を継いだ小磯国昭内閣の杉山元陸相が十月四建設命令を出した。松代の「マ」をとって「マ（一〇・四）工事」と呼ばれ、十一月十一日工事の最初の発破をかけた。

この松代大本営工事は、「松代倉庫」と公称して大本営であることは極秘とされ、同時に陸軍省が「緊急地下施設工事」として計画した全国の他の四つの「倉庫」と前後して着手した（後述）。一九四五年に入ると「本土決戦」計画が陸軍中心に出てきて、松代大本営工事は天皇動座に備えて仮皇居（後座所）の建設が具体化した〈「マ（三・三）工事」〉。七月末には天皇が松代行きを決意し、まさに「国体の護持」、天皇の死守を考えたのである。しかしそれは実行されずに終わった（青木孝寿「改定松代大本営　歴史の証言」新日本出版社）。

本土空襲と本土決戦が必至と考えた大本営が、極秘裏のうちに突貫工事で松代大本営造営を進めたことがよくわかる。そこには米軍機の空襲にさらされる国民のことは眼中になく、あたりが焼け野原になっても戦争指導部や天皇家だけは生き延びようという発想が共通している。

この章の冒頭で紹介した防衛省の文書「自衛隊施設の強靭化に向けて」の強靭化工事がすでに始まろうとしている。山添拓議員（日本共産党）の追及に答えて、防衛省は２０２３年度予算に盛り込まれた自衛隊施設の司令部の地下化について、陸上自衛隊那覇駐屯地、航空自衛隊那覇基地、那覇病院などの沖縄県だけでなく、空自築城《ついき》基地（福岡県）、陸自健軍駐屯地（熊本県）、空自新田原《にゅうたばる》基地（宮崎県）の6施設が対象だと明らかにしている（23年4月20日参院外交防衛委員会）。

自衛隊の司令部を地下化して、核攻撃にも耐えられるようにすれば、地上が火の海になっても戦争を続けられるということである。しかし、「わが国の安全につながる」（浜田靖一防衛相）というが、地上が火の海になっても続ける戦争とは、いったい何を守るというのだろうか。

第5章

戦争準備に組み込まれる地方自治体

地方自治体が「戦争国家づくり」に組み込まれ、自衛官募集のために地方自治体が電子媒体や紙媒体で入隊適齢者の個人情報を防衛省・自衛隊に提供し、自衛隊のPR活動や隊員募集活動が強まっている。基地強靭化計画に伴い、土地規制法の地域指定拡大がはかられ、住民への監視活動や私権の制限に自治体が協力させられようとしている。

また24年通常国会後半で審議される地方自治法改正案は、地方自治を国に従属させるものであり、戦争国家づくりと一体のものである。

著しい定員割れの自衛隊――〝静かな有事〟

入隊適齢者の個人情報が本人や家族の知らないうちに勝手に防衛省・自衛隊に提供されていることは重大な問題をはらんでいる。そのことに触れる前に防衛省・自衛隊が自治体に入隊適齢者の個人情報提供を強めている背景に何があるのかを見ておきたい。自衛隊員の入隊そのものの減少傾向が続いている。それに加えて隊員の中途退職者が増加傾向にあり、自衛隊員の定員割れが著しい。また防衛大学校でも「防大退職者」が急増している。

まず自衛隊をめぐる環境として、現場部隊の中核となる「曹」や現場の最前線で活動する「士」等の自衛官を養成する一般曹候補生や自衛官候補の応募者数そのものが顕著に減少していることがある。そのことは防衛大臣名で発している各市長村長宛の「自衛官募集等の推進について」の依頼文書に「募集対象者が年々減少し、自衛官の募集環境が厳しさを増し」と記されていることでも明らかだ。一般曹候補生の応募者について見ると、09年度4万3635人だったが、22年度には2万4841人にまで激減している。この傾向と相まって採用者数も1万5200人から1万3327人に減り続けている（「議会と自治体」23年9月号有田崇浩「『安保三文書』のもとでの自衛隊員募集を考える」）。

　一方隊員の中途退職が増加し高止まりしている。07年度に中途退職者が5952人に達した後、09年度からおおむね4000人前後で推移していたが、17年度から増加傾向が続き、21年度に5742人とそれまで最高だった07年度に迫る。しかも21年度の中途退職者の内訳を見てみると、「曹」や「士」の退職者が9割を占める。入隊者が減る一方で中途退職者が増えれば当然定員割れが生じる。結果自衛官の22年度の定数約24万7千人に対して、実数は約22万8千人と約1万9千人少ない。過去10年、充足率は91〜94パーセント程度で推移している（「朝日新聞デジタル」23年8月24日）。

「防大退職者」の急増

　では自衛隊の幹部自衛官を養成する防衛大学校ではどうか。防衛ジャーナリストの半田滋氏によれば、防衛大学校を途中退学や卒業するも任官を拒否した学生、卒業後の進学先である陸上自衛隊幹部候補生学校早期退職者（ボーナスがもらえる8月まで）を合わせた「防大退職者」には、これまで三つの山があるという。一つ目のピークは05年度の165人、二つ目は15年度の157人、三つ目が22年度の166人。ちなみに一つ目と二つ目の山のボトムは90人台だが、二つ目のと三つ目のボトムは116人と上昇している（ネット番組「デモクラシータイムス」半田滋の目№83「際立つ退校・自衛隊離れ」）。入学者約500人中3分の1近くが「防大退職者」というのは極めて高い。三つの山には何があったか。

一つ目の山は、03年から09年までイラク、インド洋などに海外派兵が行われた時期。二つ目の山は14年、それまでの解釈を180度変えて憲法9条のもとでも集団的自衛権行使ができると閣議決定し、翌15年それを法的に裏付ける一連の安全保障関連法を強行した時期。三つ目の山は、これまで歴代政権が踏襲してきた専守防衛をかなぐり捨て敵基地攻撃能力保有を打ち出した時期である。

先出の池田香代子さんは、数年前若い自衛官から寄せられた手紙を紹介している。「自分はやりがいがある、国土、国民を守る職場だと思って自衛隊を選んだ。しかし最近上官は海外に行くことが国益になると訓示するようになった。国益ってなんだろう？　自分には海外に行くことがなぜ国益になるのがわからない。自分がイメージしていた自衛隊とずいぶん違ってきていると思う」という趣旨だった。池田さんは「だったらやめなさいよ」と書くわけにもいかず、「また何かあったらお手紙ください」と当たり障りのないことを書いて返信したという。数カ月後その自衛官から届いたハガキには「退官しました」と認《したた》められていた（ネット番組「デモクラシータイムス」23年8月5日「なぜ急ぐ『戦争できる国』～78年目の夏～」）。

若い自衛官からのこのハガキが、説明不要なほどに自衛隊の中途退職者や防衛大学校の早期退職者増高の要因を物語っている。

「自衛官の人権弁護団・北海道」の佐藤博文弁護士は中途退職者の急増について次のように

語る。「22年度の中途退職者はもっと増えると思います。私たちのもとには昨年から今年にかけて、自衛隊員や家族から退職したくても退職させてくれないという相談が多く寄せられるようになりました。その数は相談の半分以上になります。……安保三文書に基づいて『専守防衛』をかなぐり捨てれば、海外のどこに行ってどこで死ぬかわかりません。防衛省が有識者会議を重ねて人員確保を目指しても成功するとは思えません。自衛隊ができて70年間抱え続けてきた矛盾が安保三文書や『台湾有事』をきっかけにアメリカと一緒になって戦争に向かう段階になって一気に噴き出してきたのが今の状況です。だからこそ深刻なのです」（「しんぶん赤旗」23年３月12日）。

自衛隊員の中途退職者や防衛大学校生の中退急増は、自衛隊が憲法９条に基づいてわが国の平和と独立を守り、国民や国土を防衛することとは本来関係のない、集団的自衛権に基づいて米軍と一体で海外の戦争や武力紛争に加わることや、自衛隊が他国を先制攻撃できる敵基地攻撃能力を保有するという根本的かつ深刻な矛盾に根ざしている。

自衛隊法第52条（服務の本旨）は「隊員は、わが国の平和と独立を守る自衛隊の使命を自覚し、一致団結、厳正な規律を保持し、常に特操を養い、人格を尊重し、心身をきたえ、技能をみがき、強い責任感をもって専心その職務の遂行にあたり、事に臨んでは危険を顧みず、身をもって責務の完遂に務め、もって国民の付託にこたえることを期待するものとする」と定めている。米軍が引き起こす戦争や軍事紛争に一体で出ていく自衛隊に「危険を顧みず」服務することはできないと思う隊員や防大生が広がっているのだ。

戦死する自衛官を想定し靖国神社参拝

こうした事態に「危険を顧みず」服務し、死者が出る場合に備えるべきという進言が自衛隊側から飛び出している。陸上自衛隊の制服組トップを務めた火箱《ひばこ》芳文元陸上幕僚長は、「近い将来国を守るため戦死する自衛官が生起する可能性は否定できない。我（わ）が国は一命を捧（ささ）げる覚悟のある自衛官たちの処遇にどう応えるつもりなのか」と問いかけ、「国家の慰霊顕彰施設」がない現状を嘆き、自衛官が「戦死」した場合、「筆者ならば靖国神社に祀（まつ）ってほしい」として、「国家の慰霊顕彰施設」としての靖国神社を復活させ、「一命を捧げた（戦死した）自衛官を「祀れるようにする制度の構築が急がれる」などと主張している（「日本の息吹」23年8月号「国家の慰霊追悼施設としての靖国神社の復活を願う」――「しんぶん赤旗」23年7月31日）。

いうまでもなく憲法9条のもと、自衛隊発足以来戦闘行為によって一人たりとも外国人を殺さず、一人たりとも自衛隊員の死者を出すことはなかった。湾岸戦争やイラク戦争の際にも、日本政府はアメリカなどから自衛隊の派遣を要請されたが、平和憲法や世論の反応をおもんばかって応ずることはなかった。しかし改定安保三文書に基づいて憲法違反の敵基地攻撃能力を保有し、米軍と一体化している自衛隊が米軍の指揮下で相手国と戦闘する事態になれば、死者が出ることは必至である。そこで元陸上自衛隊幕僚長が「自衛官戦死に備えよ」と言い出してるのだ。

24年1月9日、陸上自衛隊ナンバー2の小林弘樹幕僚監部副部長（陸将）ら幹部数十人が、靖国神社を参拝したことも火箱氏の発言と無縁ではない。小林氏は「時間休」を取ったとして「私的参拝」だと強調しているが、運転手付きの公用車を使用して参拝に向かい、公用車で防衛省に戻っている（「しんぶん赤旗」24年1月19日）。憲法第20条は信教の自由を保障すると同時に、国家の一切の宗教活動や宗教団体への特権的付与を禁じ、政教分離の原則を明示している。だからこそ防衛省は、宗教施設への部隊や組織的参拝を禁止した事務次官通達（１９７４年）を発している。

今回の陸上自衛隊幹部らの事案に限らず、閣僚や国会議員が靖国神社に参拝した場合、憲法が定める政教分離違反の批判を言い逃れるためにしばしば「私的参拝」を強調する。では「公式参拝」と「私的参拝」との区別はどこにあるのか。三木内閣（74～76年）は「公式参拝の４条件」として、①玉ぐし料を国費で払ったか、②公用車を使用したか、③公務員を随行したか、④記帳する際の肩書を公職で名乗ったか、を挙げている。今回の小林陸将らの参拝は②と③の条件に合致し、④は不明である。すなわち「私的参拝」などではない（「しんぶん赤旗」24年1月26日）。しかし防衛省は、小林陸将らの参拝はこの通達に「違反していない、私的参拝だった」とする調査結果を公表する。

穀田恵二衆議院議員（日本共産党）は、予算委員会（24年2月13日）で、23年11月に陸上幕僚長に報告された「令和6年の年頭航空安全祈願の実施計画について」と題する文書を示し、靖国参拝が「例年」行われており、参拝の目的が「航空事故調査委員会として（中略）航空事故・不安全事項等の絶無に向けた意識を高揚させる」とされていることを明らかにして追及した（「しんぶん赤旗」24年2月14日）。

その文書の本文では、「勤務員は、０７４０に到着殿前に集合完了」「全般配置図」に従って小林副長ら幹部の案内や誘導を行うことなどが事細かに記述されている。穀田議員は「こんな『実施計画』を作成し、一斉に行動した事実をみれば、事務次官通達で禁じた『部隊参拝』に他ならない」と迫った。しかし木原稔防衛相は「案内は41名に行い、19名が不参加の意思表示をした。参加者はおのおのの自由意思に基づく私的参拝だ」と繰り返す有様だ。さらに穀田議員は、一部報道によれば「実施計画」は陸幕の「装備計画部」が関与して作成されたと報じられていると指摘。ところが、防衛省が提出した文書では作成部署が記されていると思われる箇所が黒塗りされている。穀田議員は「黒塗り箇所に装備計画部といった部署名が記されていれば、参拝が組織として行われた部隊参拝だったことになる」と述べ、黒塗り箇所の開示を強く要求した。

陸自だけでなく海上自衛隊でも集団参拝していることが明らかになっている。23年5月に海上自衛隊の幹部ら１６５人が制服姿で靖国神社を集団参拝していたことを、防衛省が認めている（「しんぶん赤旗」24年2月20日）。さらに25年以前から集団参拝が行われ、侵略戦争を美化する靖国神社境内に併設されている遊就館も「拝観」していることが明らかになった（「しんぶん赤旗」24年2月26日）。

陸上自衛隊にしても海上自衛隊にしても集団で部隊として靖国神社に参拝していることは明らかである。敵基地攻撃能力保有で死者が出ることを想定し、靖国神社に組織として参拝することによって死者の名誉は守られることをアピールし、隊員の動揺を抑え隊員募集の材料にしようとするものだ。あの戦争は日本陸軍が２・26事件（１９３６年、陸軍の青年将校が現役の大将や大蔵大臣を惨殺した軍事クーデター）のような軍中央の統制が効かないまでに混乱が広がったことが一つの引き金になっている。自衛隊幹部の中から出てきたこうした動きが、戦前のような軍の暴走につながらないか、注視していく必要がある。

〝戦争手当〟を導入し退職者を食い止め

また防衛省は南西諸島への自衛隊増強に伴って離島で勤務する自衛官が増加したことを受けて、離島やへき地に勤務する自衛官への手当を検討し、25年度以降に導入する。「自衛隊基地建設が進む馬毛島（鹿児島県西之表市）に勤務する隊員への手当の支給や、強襲上陸を主任務にする陸自水陸機動団の手当を引き上げます」「有事もしっかり処遇することで初めて任務にまい進できる」とした有識者検討会の報告書を受けた措置で〝戦争手当〟と言えるものだ。この手当は自衛官への応募減少や退職者の増加に歯止めをかけようとする措置だが、〝安心して死ねる〟ための〝命の値段〟である。しかも、ここでいう「有事」には米軍主導の海外での武力行使も排除していない（「しんぶん赤旗」24年1月20日）。〝戦争手当〟を導入することで中途退職者を食い止めようとしていることに唖然としてしまう。

同記事にはさらに次の文章が続く。

また、自衛隊入隊を前提にした奨学金制度「貸費学生制度」の名称を「自衛隊奨学生制度」に変更し、対象者や採用人数を拡大することを検討。高学費に苦しむ学生を狙いうちした〝経済的徴兵制〟といえるものです。

現行制度は、理系の大学生・大学院生を対象に月5万4000円を防衛省が貸与し、卒業後に一定期間、自衛官として勤務すれば返還を免除するもの。これに文系学生や、短期大学、専門学校などの学生を追加し、採用枠を10人増員します。

サイバー分野などの民間の高度人材の獲得に向け「特定任期付自衛官制度」を新設。事務次官や統合幕僚長の年収相当額の範囲内で給与の支給を可能とします。一部自衛官の定年年齢の引き上げも実施します（「しんぶん赤旗」24年1月20日）。

入隊者に学費優遇制度を設け、世界で類を見ない高学費に苦しむ学生を逆手に取って入隊者を募ろうとしている。〝経済的徴兵制〟とは言いえて妙である。

以上見てきたように自衛隊員の著しい定員割れ＝「人手不足」の要因は、安保法制や改定安保三文書によって隊員が生死に直面させられる自衛隊そのものにある。少子化による若年人口の減少に求める見解が散見されるが、それだけに要因を求めるのは皮相であるといわねばならない。

採用年齢引き上げ、定年延長

「戦争する国家づくり」は、集団的自衛権行使容認（14年７月）を裏付ける一連の安保法制などの法的整備（15年９月）や、改定安保三文書に基づく敵基地攻撃に必要な長射程ミサイルやその運搬手段、弾薬、格納庫などの物的基盤を整備することで完結したかといえば決してそうではない。戦争の遂行には、戦争を担う人的確保が何より不可欠である。

改定安保三文書で自衛隊に「敵基地攻撃能力保有」が付与されたことにとどまらず近年新たな任務が拡大している。06年の第一安倍政権以降に遡ってみると、国際緊急援助活動、国際平和協力活動・人道支援、いわゆる安全確保などの業務拡充、在外邦人等保護措置・在外邦人等輸送、日米物品役務相互提供協定、駐留軍施設等の警護を行う場合等拡充、周辺事態法、重要影響事態における後方支援活動、警護出動、国民保護法、弾道ミサイル対処、海賊対処活動、能力構築支援活動、サイバー防衛（サイバー防衛隊新編）、防衛装備移転三原則、グレーゾーンの事態対処、国際平和共同対処事態における協力支援活動等、米軍等の部隊の武器等防護、船舶検査活動、存立危機事態対処、宇宙状況監視（宇宙作戦隊新編）などだ（「議会と自治体」23年９月号　有田崇浩氏作成資料）。自衛隊の任務の拡大が続き、いっそう高度に電子化された敵基地攻撃の兵器などを操作する隊員が量的にも質的にも求められているもとで、自衛隊員が恒常的に著しく人手不足であるという事態は、戦争国家づくり推進勢力にとって深刻な〝静かな有事〟である。

では〝静かな有事〟に防衛省・自衛隊はどう対応してきているか。まずは18年10月から「自衛官候補生」と「一般曹候補生」の採用年齢の上限を26歳から32歳に６歳引き上げた。採用年齢の引き上げは90年以来である。しかし改善は乏しく応募者数はこの10年で3割ほど減っている。また23年10月に1尉から1曹まで隊員の定年を55歳から56歳に延ばし、24年10月に1佐を58歳、2佐と3佐を57歳、2曹と3曹を55歳にそれぞれ1年延ばす。再任用枠を30人から120人に増やすなど、自衛隊が見放されてきている根本要因である国防のあり方には手を触れず、なりふり構わず定員確保をはかろうとしている。

なりふり構わぬ広報活動・募集イベント

次に力を入れているのが自治体や防災に関わる関係機関、民間団体などと一体になっての自衛隊のPR、隊員募集の旺盛な活動である。防衛省・自衛隊のホームページの「イベント・交流活動」を開いてみると、地方自治体や民間団体と提携した広報・募集のイベントが目白押しである。一例として筆者が在住する大阪の実態を見ておきたい。

各自治体・行政区の市民・区民まつりや各地域の防災訓練や防災講演・演奏会にきめ細かく募集広報ブースを出展している。大阪市北区役所が窓口になっている「夢キタ万博2023」は、25年開催予定の大阪・関西万博開催にあやかって消防隊や警察隊とともに自衛隊が防災体験会を開いている。

「大阪モーターサイクルショー2023」では募集ブースを出展するとともに、偵察用オートバイの出展や制服の着衣体験会を行なっている。「OSAKA防衛防災フェスティバル2023」では、陸海空自衛隊の装備品（兵器のこと）を展示し、音楽隊および太鼓演奏、掃海艇「なおしま」の一般公開などのイベントを開催。高機動車体験搭乗、野外炊飯車による炊き出し体験会まで行っている。「ライオンズフェスタ　２０２３」の場合は、陸上自衛隊パジェロや陸上自衛隊救急車を出展し「運転席に座って写真を撮ろう」「内部はどうなっているか、入ってみよう」と呼びかけている。また銃を模したエアガンを使って撃ち合いをする遊び「サバゲー」の物販イベントに出展している。「公務員のお仕事を知ろう！　職業説明会in大阪」では、警察官・刑務官・消防官・海上保安官・自衛官の職業説明を行い、自衛隊は装備車両等の見学及び一部乗車体験を行なっている。

また海上自衛隊は護衛艦や試験艦を大阪港に寄港させて一般公開し、装備品の見学会を開いている。

八尾駐屯地では「創立65周年記念行事エアーフェスタＹＡＯ２０２３」（10月29日）が１万人の市民を集めて開催されている。多用途ヘリコプターや対戦車ヘリコプターなどの曲芸飛行や編隊飛行、16式機動戦闘車の展示と実演（空砲）が行われ、兵庫県青野ヶ原駐屯地から公道を走らせてきた12式地対空誘導弾（ミサイル）が展示。敵・味方にわかれての戦闘ごっこ、偵察・発見・攻撃・鎮圧の実況放送が行われている。

信太山駐屯地は音楽隊による「信太山自衛隊　音楽まつり」（23年12月23日　フプラたかいし大ホール）を開催している。

子どもへの自衛隊ＰＲ活動にも力を入れている。茨木市の農業祭と合わせて開かれた「わくわくちびっこはたらく機械体験２０２３」では、ショベルカーやトラック・ミキサー車、自衛隊・消防警察車両、さらに阪急バスなどを集め、記念撮影や操縦体験会、のこぎりで丸太を切ってコースターを作る体験会を開いている。

「今日のウクライナは明日の〝台湾有事〟」を煽ることによって敵基地攻撃能力保有を容認する世論を醸成するとともに、こうした自衛隊のイベントは、市民に自衛隊に親しみを持たせ、武器や戦闘に慣れさせ、かっこいいと思わせる効果をねらってのことだ。

広がる自治体の適齢者個人情報提供

というように、自治体や民間団体などと一体になって自衛隊のＰＲ広報活動や募集活動が強められている。無視し得ないのは、入隊適齢者の個人情報（氏名・生年月日・性別・住所）を電子データや紙媒体で自衛隊に提供する自治体が広がっていることだ。むろん政権側と防衛省・自衛隊から名簿提供の強い働きかけがある。先出の有田崇浩氏の記事によれば、毎年18歳と22歳の個人情報提供に応じている自治体は、全国１７４１市区町村のうち16年度は５９７自治体（34パーセント）だったのが、22年度は１０６８自治体（61パーセント）に急増している。16年度から6年間で30パーセント近い増加幅になっている。特に政令指定都市での増加が顕著で、21年度は20市のうち17市が提供している。

筆者が在住する大阪の自治体で名簿提供が著しい。貝塚市と阪南市、岬町をのぞく40自治体が電子媒体、紙媒体などで18歳と22歳の名簿を自衛隊に提供している。15年度には名簿を提供する自治体は、５自治体（４市１町）だけだったが、16年度は３自治体（２市１町）、18

年度と19年度は1市、20年度は2市、21年度は7市、22年度は15自治体（10市４町1村）、23年は４自治体（３市1町）が新たに提供し始めている。特に21年度以降急増し、新たに６割近くの自治体が提供し始めたことになる。提供している自治体のうち、紙媒体で提供しているのは29自治体、電子媒体での提供は11自治体。堺市は住所と氏名を印刷した宛名シールで提供している（「大阪民主新報」23年８月６日）。

22年以降、提供する自治体が激増したのは、22年２月７日付で吉村洋文知事が府内市長村長宛に「募集対象者情報の紙媒体または電子媒体での提供を含め、募集事務の実施等について、格段のご配慮を」との文書を発出していることが大きい。大阪府総務部によると、同様の文書が22年、23年と2年続けて発出されている。

事実22年から提供を始めた田尻町では、日本共産党議員の質問に対して町当局は「知事の通知を受けて、紙媒体での名簿提供を始めた」と答弁しているように、知事自らが自治体に対して、自衛隊に個人情報を提供するよう圧力をかけたことが激増の要因だ（「大阪民主新報」23年10月1日）。

府民の命を守るべき知事が、自治体首長に敵基地攻撃能力保有によって米軍との一体の軍事行動を強め、中国や北朝鮮に向けた長射程ミサイルを構える自衛隊入隊適齢者の名簿提供の圧力をかけるとはあるまじきことである。

では自治体は自衛隊へ個人情報名簿を提供する義務はあるのか。

谷沢ちか子八尾市議（日本共産党）が、適齢者の個人情報名簿の提供中止を求めた（23年12月1日）のに対して、大松佳右市長は「自衛官等の募集に関する事務は、自衛隊法による市の法定受託事務であり、また同施行令において、防衛大臣は自衛官又は自衛官候補生の募集に必要な報告又は資料の提出を求めることができると規定されていることから、本市としましては、資料の提供依頼があった場合には、引き続き、対象者の情報提供を行なってまいります」と答弁し、「法定受託事務」を盾にとって適齢者の個人情報提供を当然視している。

自衛隊法は「都道府県知事及び市町村長は、政令で定めるところにより、自衛官及び自衛官候補生の募集に関する事務の一部を行う」（97条第1項）、同施行令は「防衛大臣は、自衛官又は自衛官候補生の募集に関し必要があると認めるときは、都道府県知事又は市町村長に対し、必要な報告又は資料の提出を求めることができる」（自衛隊法施行令120条）と定めてはいる。

しかし「法定受託事務」は防衛省が「かくかくの事務をやってほしい」と提供依頼ができるとしているのであって自治体の提供義務ではない。そのことは防衛大臣名で発している八尾市長宛文書「自衛官募集等の推進について」（令和5年2月10日付）の表題末尾に「（依頼）」と記されていることでも明らかだ。これまでみてきたように自衛隊は日本の防衛とは無関係に米軍が引き起こす戦争に一体で出動し、米軍の指揮のもと敵基地攻撃能力を保有する自衛隊が先制攻撃をも辞さない。生死に直面させられる自衛隊へ、適齢者の個人情報を提供するかどうかは、市民の命を守るべき自治体が自主的に判断すべきことである。

だからこそ自衛隊への名簿提供をめぐる国会質疑では、「（住民基本台帳の自衛隊への）提出の義務はない」（03年、畠中誠二郎総務省自治行政局長＝当時）、「応えられないというのであれば、いたし方ない」（同年、石破茂防衛長官＝当時）と答弁せざるを得ず、あくまでも義務はないとされてきた。

こうしたもとで政府は、個人情報の自衛隊への提供はあくまで自治体へ依頼するという立場をとらざるを得ず、防衛省・自衛隊が行えるのは住民基本台帳を閲覧し書き写すことだけだった。しかし慢性的に著しく定員を割り込む事態が続き、戦争国家づくり推進勢力はこのやり方では間尺に合わないと危機感を深めてきたのだ。

安倍晋三元首相は、19年２月の自民党大会で６割以上が協力を拒否していると不快感を露わにし、自治体が住民基本台帳の一部写しを提出することは可能と閣議決定（20年12月）し、防衛庁と総務省が各市区町村に対し、提出を求めることができるとする通知を発出（21年２月）し、自治体に対して名簿の提出を系統的に迫ってきた。

自治体が「戦争国家」づくりの「下請け機関」に

では自治体が入隊適齢者の名簿を自衛隊に提供することは、個人情報保護法上問題はないのか。元日弁連情報問題対策委員長で個人情報保護に詳しい坂本団弁護士は次のように指摘する。

個人情報の取り扱いについては、自治体ごとに条例でどう定めているかによるので一概には言えません。もっとも、人手不足で困っている公的機関はたくさんあるはずなのに、自衛隊だけが特別扱いされて市民の情報が提供されるというのはおかしいです。

自衛隊への市民情報の提供は義務ではなく、市町村が独自に判断すべきことです。自分の情報を絶対に提供してはほしくないと思う人が一定数いることは容易に分かるのに、その思いに反して義務でもない情報提供をするというのは、自治体としての姿勢が問われます。絶対嫌だという人の意思を確認する機会を設けるのは必要で、申請を受け付けないということはあってはなりません。

敵基地攻撃能力まで持たされ、アメリカの戦争に巻き込まれて先制攻撃に行かなければならない部隊にリクルートされるために、自分の名簿が提供されることになれば、ますます嫌だと言う人は増えるでしょう。それが分かっているのに、右から左へ情報提供するというのはおかしい（「大阪民主新報」23年8月6日）。

個人情報を保護するという個人情報保護法の本旨から言っても、入隊適齢者の個人情報の提供は各自治体が独自に自主的に判断すべきことである。また名簿の提供を望まない人の除外規定制度を設けることも当然のことだ。しかし大阪の場合、自衛隊に名簿を提供している40自治体のうち、自分の情報の除外申請を受け付ける制度があるのは20自治体にとどまっている。大阪民主新報の調査によれば、制度がない20自治体のうち8自治体が除外申請制度を検討、2自治体は申し出があれば受け付けるとしている。しかし除外の申請制度があっても制度自体が広く住民に知らされなければ意味をなさない。除外申請の制度を作ることと、広く住民に周知することがセットであってこそ除外申請は意義をもつ。

戦前・戦中、自治体は戦争遂行の下請け機関化されていた。市役所や町村役場の兵事係は、徴兵検査の1年前から戸籍を確認し、20歳になる青年を抽出のうえ、「壮丁名簿」や「現役兵身上明細書」を作成して軍に提供していた。18歳と22歳の名簿を自衛隊に提供することは戦前・戦中の自治体と同じことをすることになる。徴兵召集「赤紙」配達も市町村の兵事係の業務だった。谷沢ちか子市議は「いざ戦争となれば、若者を動員する徴兵制にも繋がりかねません。即中止すべきです」と迫る。自治体が戦争準備の下請け機関化した愚を繰り返してはならない。

適齢者の名簿を提供する自治体が大幅に増加しているものの、その名簿によるダイレクトメール（DM）が必ずしも自衛隊員募集「効果」をあげているとは言えない。防衛省陸上幕僚監部の内部文書「募集広報媒体認知等調査報告書」に、当該年度の自衛隊への志願者に対し、「自衛官等募集があることを初めて知った募集広告は何か」（一般曹候補生）について調査結果が報告されている。この質問項目は、全45種類の広報手段の中から単一回答によって選択された結果が示されており、トップはスマートフォン等を含む「ホームページ」で、全回答数の18・7パーセント、次いで「親・親戚」が13・7パーセント、「学校・教師」が13パーセントなどとなっており、自治体から入手した個人情報を基に送り付ける「地本（地方協力本部）の郵便物」で知ったという回答はわずか1・4パーセントにとどまっている（「平和新聞」23年10月25日）。

だからといって自治体の適齢者名簿の提供を軽視してはならない。「自治体からの適齢者名簿の提供については実際に効果があるかどうかより、自衛隊の人的基盤強化のためとして、自治体に下請け的な業務を担わせる『仕組み』を強化すること自体に目的があると見ることもできる」（同前）と指摘している。

改定安保三文書で位置付けられる人的基盤の強化

自衛隊法、同施行令によっても自治体が自衛隊に適齢者の名簿提供を義務とすることはできない。個人情報保護法の側面からも名簿提供の根拠はない。だからこそ安倍政権は名簿提供を閣議決定してまで提供促進をはかろうとしてきた。改定安保三文書には、こうした人的基盤の整備にかかる方向性が強く打ち出されている。「国家安全保障戦略」では、自衛隊員について「防衛力の中核」と位置付けたうえで「人的基盤の強化」を強調し、「自衛隊員の能力を発揮するための基盤の強化が明記されている。「国家防衛戦略」では、「防衛力の抜本的強化」のために「自衛官の必要な定員は増やさずに必要な人員を確保する」として、「募集能力の一層の強化を図る」と銘打っている。「防衛力整備計画」では、より具体的に「領域横断作戦、情報戦等に確実に対処し得る素養を身に付けた隊員を育成する必要がある」などとし、「採用の取組強化」の項目で「地方協力本部の体制強化や地方公共団体及び関係機関等との連携を強化する」と明記している。

改定安保三文書に基づいて設けられた防衛大臣の諮問機関「防衛省・自衛隊の人的基盤の強化に関する有識者検討会」が防衛省に提出した報告書（23年7月12日）には、「スタンド・

オフ防衛能力」（＝敵基地攻撃能力）について、「どれだけ高度な装備品（筆者注・兵器のこと）等を揃えようと、それを運用する人材の確保がままなければ、防衛力を発揮することはできない。自衛隊員はまさしく防衛力の抜本的強化を支える車の両輪ともいうべきものである。この両輪が駆動することにより、実行的な防衛力の構築が進んでいく」と自衛隊員確保に危機感を露わにしている。

まさに自衛隊員の確保は防衛力そのものという位置付けだ。そのために「防衛力整備計画」で「地方公共団体及び関係機関との連携を強化する」と位置付けていることを改めて注視したい。地方自治体を「戦争国家づくり」の下請け機関化させてはならない。先出の有田崇浩氏は「自衛隊への適齢者名簿の提供は、安保三文書を遂行するための人的基盤強化の一環であるという視点から捉えていく必要」を強調している。

八尾駐屯地にみる強靭化の動き、オスプレイ配備の疑惑

筆者が在住する大阪では八尾駐屯地と和泉市の信太山駐屯地がいずれも「基地強靭化」の対象だ。

八尾駐屯地が基地強靭化の対象であることを知った田中裕子八尾市議（日本共産党）は、小池晃参議院議員が参議院予算委員会で基地強靭化計画の実態を明らかにした翌３月３日、八尾駐屯地にどんな強靭化計画の動きがあるか市議会で質すと、防衛省からすでに打診があったという。

その後田中市議が近畿中部防衛局に確認したところ、八尾駐屯地の格納庫の新設、そのための既存建物の解体、仮設倉庫など、実施計画書がすでに完成しており、ボーリング調査25メートルを6カ所と、杭打ちのための調査も完了し、令和6年度から着工することが判明した。田中市議は「新設格納庫は既存のものより面積が広く、大型の重量のある機種が配備される可能性がある」と指摘する。その後防衛省の資料によって建設費用が24億円であることが明らかになっている。格納庫（S造平屋建／RC造4階建　約4500平方メートル）、宿舎（RC造5階建約2100平方メートル）。予算規模からいってかなり広く、かつ強靭な格納庫であることがうかがえる。田中市議が指摘する「大型の重量のある機種」とはオスプレイのことである。かつて沖縄の基地負担を軽減するためとして、八尾空港でオスプレイの訓練を引き受けるという、〝と んでも提言〟があったからだ。

13年6月、橋下徹大阪市長（当時・日本維新の会共同代表）と松井一郎大阪府知事（当時・同幹事長）が、沖縄の基地負担を軽減するためとして米軍普天間飛行場に配備された新型輸送機MV22オスプレイの訓練の一部を、八尾空港に移転するよう、当時の安倍晋三首相と菅義偉官房長官に提案することがあった。八尾駐屯地は、オスプレイが配備されている東京・横田基地と沖縄の米軍基地の中間地点なので位置的にもちょうどいいという。基地負担の軽減というなら基地や訓練そのものを縮小することこそ本筋であるのに、事故が絶えない危険なオスプレイの訓練をわざわざ大阪に持ってくるというのは、危険の拡散である。オスプレイは構造的欠陥があると指摘されている。最近でも23年9月には不具合が発生し新石垣と奄美大島空港に４機が相次いで緊急着陸。次いで11月29日屋久島沖でオスプレイが墜落し、搭乗していた８人全員が死亡する痛ましい事故があったばかりだ。

この思いつき的な、目先を変えさせる橋下、松井氏の提案に対して、田中誠太市長（当時）は、即座に「八尾空港が本当に適地なのか。（オスプレイの）危険性がいろいろ言われているなか、市民に負担や不安を与えるわけにはいかない」と次のように反対表明している。

> 普天間飛行場の面積が約４８０ヘクタールであるのに対し、八尾空港は自衛隊駐屯地も含めて約88ヘクタールと、敷地面積は５分の１以下という差があります。
> また、約16トンあるオスプレイの重量が同空港の重量制限である５・７トンを超えるなど、施設面でも十分とは言えない。さらに、八尾空港周辺は11の小中学校が立ち並んでいて、人口密集度は普天間と同じかそれを上回るくらいかもしれません。
> それらをトータルで考えると、八尾空港をオスプレイの訓練に利用できるとは、普通は思わないでしょう。ですから、松井府知事との会談で私は「とてもではないが物理的に考えて難しい」という指摘をしたのです（「ＪＢｐｒｅｓｓ」13年６月14「日米軍関係者も首をひねる橋下市長のオスプレイ訓練移転案」）。

田中市長が指摘しているように、八尾駐屯地の北側と東側は市街地に隣接している。特に北側には私立保育園、私立こども園、市立志紀小学校、市立志紀図書館、市立志紀中学校、志紀コミュニティセンター、府営八尾志紀住宅、市立おおぞらこども園、市消防署志紀出張所など、子どもに関わる施設や公的施設が集中している。田中市議が大松佳右市長に「これまでの歴代市長はオスプレイの配備に反対の立場だったが、あなたはもちろん同じですね」と念を押したが、大松市長「総合的に判断する」と述べるに止まり、配備に反対する姿勢は示さない。地元では駐屯地の強靭化と合わせてオスプレイの配備・常駐化が進むのではないかと不安が高まっている。

八尾駐屯地の異質の危険性は、柵を一つはさんで国が管理する八尾空港が隣接していることだ。23年11月中旬に行われた敵基地攻撃を想定した大規模な自衛隊統合演習「統合防空ミサイル防衛（ＩＡＭＤ）訓練」で、北海道・東北沖や青森県の三沢沖、四国沖から侵攻する航空機などに対処するために攻撃を受けた自衛隊基地が使用できなくなる事態を想定して、岡山、大分両空港や、鹿児島県の徳之島、奄美両空港に戦闘機を一時的に退避させ、燃料補給やＦ2、Ｆ15戦闘機の離着陸訓練が行われている。民間空港利用の実働演習はさらに拡大されていくだろう。八尾駐屯地の場合、「有事」が起きれば柵を外し、さらに数倍規模の基地にできる地形的条件があり、現在の「駐屯地」から「一大軍事要塞」になりかねない潜在的危険性がある。

孫がおおぞらこども園に通っている大倉イツ子さんは、「園は塀一つで駐屯地と隣り合わせている。ヘリの部品が落ちて探し回っている隊員の姿をみて不安になった」と語る（7・1八尾市民集会）。

田中市議は6月市議会でも「八尾市は防衛省とともに粛々と進める立場に立つのではなく、市民に情報を明らかにすべきです。お答えください。戦争の準備に協力するのではなく、平和の準備を国に求めてください。それが、非核平和宣言を行う自治体のあり方であり、市民の命と暮らしに責任を持つ市長の責務ではないでしょうか」と迫った。

八尾駐屯地拡大の動き

八尾駐屯地は八尾空港の北東側に寄り添うように隣接する。定期便の就航がない国管理の八尾空港は、主として航空宣伝・写真測量・操縦訓練などの事業用や自家用の小型航空機やヘリコプターの発着に利用されているほか、陸上自衛隊や消防・警察の航空隊が利用している。その八尾駐屯地にひし形状の民間農地（約2万平方メートル、うち3割に当たる６０００平方メートルは八尾市有地）が食い込んでいる。自衛隊はその「ひし形農地」が23年になってから「安全上好ましくない」として突然買収の動きに出ている。地権者を集めた説明会（7月14日）で、「南海トラフが起きた時、（ヘリコプターの）駐機スペースに土地が必要になる」と説明しているが果たしてそれだけなのか。八尾空港でオスプレイの訓練を行う場合、駐機する格納庫が必要になる。「ひし形農地」買収の動きはオスプレイの配備・常駐化のスペースを確保するためではないか、疑惑が浮上している。

田中裕子市議が古い市議会議事録に当たってみると、79年（昭和54年）八尾駐屯地拡張計画に関する経過のメモが残されており、この「ひし型農地」に防衛庁（当時）がヘリポート移転の計画を練っていたことが分かった。当時の八尾市長は駐屯地が拡大されると都市計画上阻害要因になるとして、この計画の白紙撤回を求め、市議会も全会一致で白紙撤回を決議している。当時の防衛庁は基地拡張の具体的作業はやらないと確約したが、内密に「ひし型農地」の買収交渉を進めていたことも分かっている。防衛庁は「ひし形農地」買収の予算計上を見送るとのことだったが、実は内示していた。最終的には防衛庁長官がしっかり話もせず進めたと陳謝し、撤回している。

前回の八尾駐屯地の拡張計画から44年ぶりに再び持ち上がった「ひし型農地」買収の動きにどんな狙いがあるのか。田中裕子市議は「半世紀近く自衛隊は『ひし型農地』を必要としてこなかった。大型の格納庫を新設・強靭化し、『ひし型農地』を買収して防衛省は何をしようとしているのか。地元市や周辺住民に明らかにしないまま進めてはならない」「八尾市の市有地を売ることは基地拡張につながる。売ってはならない。市民の命と暮らしを守る地方自治の本旨を、今こそ発揮させる時だ」と力を込める。

土地利用規制法による住民監視と私権制限の動き

防衛省・自衛隊が入隊適齢者の名簿を集めることに躍起になっている一方で、基地強靭化と一体で住民監視を強めようとしている。21年6月成立した土地利用規制法（正式名称「重要施設周辺及び国境離島等における土地の利用状況の調査及び利用の規制等に関する法律」）は、自衛隊、米軍、海上保安庁といった重要施設や国民生活に重大な影響を与える施設（重要インフラ）の周囲1㌔と、国境離島を個別に「注視区域」に指定し、「機能阻害行為」を防止するため所有者や居住者、通勤者の個人情報や利用実態を不動産登記簿や住民基本台帳などを基に政府が調査し、必要に応じて所有者に報告を求めたり利用中止を命令することができるとしている。「利用状況」の中には、ホテル滞在などの一時利用が含まれ、政府の判断で所属団体、家族・友人関係などが調べられるおそれがある。また区域内に所在する法人の役員や工場の従業員も指定区域内に居住していなくても「関係者」として調査対象にされるおそれがある。

　司令部機能がある基地や重要性の高い国境離島は「特別注視区域」とし、一定以上の面積の土地売買の際は、氏名、国籍など個人情報や利用目的などの事前の届出を義務付け、利用の中止命令に従わなければ、罰則として軽くない2年以下の懲役または２００万円以下の罰金に処するとしている。

　「注視区域」や「特別注視区域」の指定により、区域内の土地や建物の価格の下落につながることに多くの関係者から懸念の声が上がっている。しかし政府は、不動産価格の下落などの不利益をもたらす可能性があると認めながらも、「仮に土地の価格が下落したとしても、保証の必要がない」と、国民の財産権を侵害しても開き直っている。また、政府が土地買取を申し出ることができるとされ、戦前の軍事目的のための土地収容制復活につながりかねない。

　そもそもどんな行為が「重要施設」や国境離島の「機能を阻害する行為」なのかはっきりしていない。これから政府が決める「基本計画」などで明らかにするとされているが、政府によって恣意的に「（重要施設の）機能を阻害する行為の用に供し、又は供する明らかなおそれがある」

と判断されかねない。

政府が「機能阻害する行為」と判断するには、土地・建物利用者を日常的に監視することが必要となる。警察、公安調査庁や自衛隊情報保安隊、内閣情報調査室などから情報提供を受けることも、法律上可能だ。加えて、地域住民から情報提供を受ける窓口を設けると政府は言っており、こうなると密告奨励の相互監視社会がつくられてしまう。内閣府は「住民説明会の予定はない」「何が機能阻害行為か」など、市民からの疑問は「内閣府重要土地等調査法コールセンター」で受付けるとしているが、防衛ジャーナリストの半田滋氏は「一方的に区域指定して『問答無用』の姿勢。強権国家へまっしぐら」「独裁国家とどう違うか」と指摘する（ネット番組「半田滋の眼97」24年2月22日）。

戦前・戦中には治安維持法などによって国民監視社会がつくられた。また軍事施設などへの立ち入りや撮影等の行為を全面禁止・処罰する「要塞地帯法」により国民が弾圧された。参議院内閣委員会では参考人から、安全保障の名目で住民を監視下に置くかのような発想はまるで戦前のようだと指摘があったほどだ。軍事（安全保障）が最優先で、国民の権利を制限するということ自体が現行憲法下では許されない。

そもそも土地利用規制法の立法事実に根拠がない。政府は当初、外国資本が基地など「重要施設」周辺に土地を購入し、安全保障上問題だとしていたが、防衛省が2013年以降、米軍や自衛隊の基地周辺の土地所有状況の調査を2回行い、運用上支障をきたす事例はなかったことが明らかになり、政府は「安全保障上のリスク」について曖昧な答弁に終始している。

ではなぜ土地利用規制法がつくられたのか。自衛隊や米軍の動きを隠し、住民を監視するためといっていい。土地利用規制法は、特定秘密保護法や共謀罪、集団的自衛権行使容認とそれを法的に裏づけた安全保障法、敵基地攻撃能力保有の閣議決定などと一体の戦争国家づくりの法律と言っていい。米軍の引き起こす戦争への自衛隊参戦に反対し、基地などの監視や調査を行い、騒音被害などに抗議し、自衛隊の動きを広く知らせる行動や運動を萎縮させ、押さえ込むことがねらいだ（リーフレット「あなたを監視する土地利用規制法」国民監視・土地利用規制法の廃止を求める共同行動編）。

安保破棄中央実行委員会の東森英男氏は土地利用規制法の背景を次のように指摘する。

この法律の背景には、日米両政府が２０１５年、安保法制＝戦争法の制定に先立って改定に合意した日米防衛協力の指針（ガイドライン）で、平時からの協力措置として「自衛隊及び米軍の相互運用性を拡大し並びに柔軟性及び抗たん性を向上させるため、施設・区域の共同使用を強化し、施設・区域の安全の確保にあたって協力する」と明記していることがあります。

……「安保三文書」の「国家安全保障戦略」には、「自衛隊、米軍等の円滑な活動の確保のために、……安定的柔軟な電波利用の確保、民間施設等によって自衛隊の施設や活動に否定的な影響が及ばないようにするための措置をとる」、「原子力発電所等の重要な生活関連施設の安全確保対策、国境離島への不法上陸事案対策等に関し、……様々な態様・段階の危機にも切れ目なく的確に対処できるようにする」と記載されています（「議会と自治体」23年11月号『安保三文書』のもとで本格化する『土地利用規制法』」）。

改定安保三文書にこのように明記されたことによって土地利用規制法の「注視区域」や「特別注視区域」指定の動きが加速してきている。内閣府は3回に分けて、25都道府県399カ所（注視区域284カ所、特別注視区域115カ所）を指定。24年年明けの追加指定で初めて在日米軍施設も区域指定され、区域指定カ所は583カ所になった（注視区域429カ所、特別注視区域154カ所　候補を含む）。

以下大阪での、とりわけ八尾駐屯地の基地強靭化と注視区域指定（候補）拡大の動きがどう現れているか見ていきたい。

大阪府下の土地利用規制法による「注視区域」指定は、八尾駐屯地と隣接する八尾空港、信太山駐屯地、及び原子力燃料工業（株）熊取事業所（京都大学熊取原子炉実験所に隣接）だ。八尾駐屯地と八尾空港の区域指定地域（候補）周囲1キロ内には、八尾市南部地域の約1万9千世帯、4万人が居住し、八尾市人口の15パーセントに及ぶ。一部は大阪市平野区、柏原市、藤井寺市域にかかる。

谷沢ちかこ八尾市議は23年12月1日、市議会で土地利用規制法による「注視区域」指定による影響について次のように質している。

「すでに全国の特別注視区域では、土地や建物の価格下落につながると、多くの不動産関係者などから危惧の声が上がっています。また、国民が所有している土地を政府が買取できる規定があり、戦時中の都市、土地強制収用を思い起こさせます。さらに、土地利用規制法は指定区域への立ち入り撮影し、写生などを禁止し、違反したものは処罰され、国民監視や統制に用いられた要塞地帯法とよく似ており、将来的には弾圧法にもなりうる危険な法律と言えます」。

その上で次の４点を質問。

①駐屯地近くの公園で開かれた平和集会や、自衛隊のヘリコプター騒音への苦情なども、拡大解釈すれば、機能障害行為に当たるとされてしまうのではないか。

②仮に自衛隊八尾駐屯地と八尾空港が注視区域に指定された場合、指定区域の住民はもちろん市民全体にその事実と影響について情報提供すべき。

③国が（土地利用にかかわる）市民の個人情報の調査報告を求めてきた場合、憲法を守る立場からきっぱり拒否すべき。

④今こそ、非核平和宣言都市八尾市の市長として、土地利用規制法の撤廃、八尾空港周辺の軍事利用反対の声を上げるべき。

市当局は注視区域に指定された場合、市ホームページで周知・広報を約束したものの、土地利用規制法にかかわることは、安全保障に関することであり見解を述べる立場にないとの答弁にとどまる。

先出の東森氏は「法律（土地利用規制法）は、政府に、『注視区域』内にある土地・建物の所有者や賃貸人などの情報を集め、必要なら利用状況に関する報告を求めることができるとしています。調査対象は、所有者・利用者だけでなく、『その他関係者』も含まれており、際限がありません。調査は誰がおこなうのか。内閣総理大臣（内閣府の部局）がおこなうとされていますが、実際は警察、自衛隊を含む国の機関と地方自治体におこなわせる仕組み」と指摘する（「議会と自治体」23年11月号同前）。

さらに東森氏は、「政府は、調査事項は、『土地・建物の所有者、賃貸人等』の『氏名、住所、国籍等』と『利用状況』とし、調査方法は『現地・現況調査』で『不動産登記簿、住民基本台帳等の公簿収集』としています。問題は、調査内容が際限なく広がる危険があります」と指摘する（「議会と自治体」23年11月号同前）。

地方自治体が法的義務のない入隊適齢者の個人情報を電子データや紙媒体で防衛省や自衛隊に提供し、土地利用規制法に基づく国民監視や私権を制限する調査活動に応ずることは、戦争国家づくりの体制ベースに組み込まれることだ。こうした情報の提供や調査、情報収集は戦争する国家づくりと一体に、他の分野に拡大されていく懸念がある。地方自治体は防衛省や自衛隊に適齢者の個人情報の提供や土地利用区域指定を粛々と進めるのではなく、市民に情報を明らかにすべきである。

「大増税・大軍拡ＮＯ！八尾市連絡会」は、八尾駐屯地と八尾空港が区域指定候補に選定されたことを受けて、９月20日八尾市長に「八尾駐屯地・八尾空港の重要土地等調査法による注視区域指定に関する要望書」を手渡し注視区域指定に反対するよう申し入れた。

第6章

にわかづく軍需産業

あろうことか、５年間で43兆円もの大軍拡に軍需企業が群がりにわかづいている。

長距離巡航ミサイル・トマホーク４００発高値爆買い

岸田首相は23年２月27日、衆議院予算委員会で米国製長射程巡航ミサイル・トマホークを４００発購入予定であることを明らかにした。改定安保三文書で明記している「敵基地攻撃能力保有」の武器として、真っ先に導入するミサイルが中国本土に届く射程１０００キロのトマホークである。政府はこれまで「実際の能力が明らかになる」などとして購入数の開示を拒んできた経緯がある。米政府の武器輸出の仕組みである「有償軍事援助（ＦＭＳ）」に基づき、トマホークを購入する。「有償軍事援助ＦＭＳ」とは何か。

ＦＭＳ（Foreign Military Sales：有償援助）は、米国政府が、経済的な利益を目的とした装備品（注・兵器のこと）の販売ではなく、米国の安全保障政策の一環として、武器輸出管理法に基づき、同盟諸国等に対し、装備品等を有償で提供するものであり、日米間においては、日米相互防衛援助協定に基づいて行われているものです。こうした仕組みによって、一般では調達できない軍事機密性の高い装備品や米国しか製造できない最新鋭の装備品を米国政府から調達できる点で、ＦＭＳは、わが国の防衛力を強化するために非常に重要なものと考えており、近年ＦＭＳ調達は増加する傾向にあります（平成30年版防衛白書）。

「最新鋭の装備品を米国政府から調達できる」というのはウソである。軍事技術的に古くなった兵器を高値で押し付けられているというのが実相だ。このことは「１年前倒し」で購入することになる旧式トマホーク「ブロック４」でも明らかである（後述）。

トマホークは、ロケットエンジンで打ち上げられ、左右対称の放物線を描いて飛ぶ弾道ミサイルと異なり、コンピュータに入力された３Ｄ地形データに導かれて目標へ着弾するジェットエンジン飛行の翼付き長射程巡航ミサイルである。障害物を避けながら低空で目標へ向かうことができる。地表や海面すれすれに飛ぶ飛翔体は補足しにくいというレーダーの弱点を逆手に取って開発された。91年の湾岸戦争で初めて実戦で使われた初期のトマホークは、誤爆が相次ぎ目標から外れて市街地に着弾。自らの基地を自爆する〝オウンゴール〟さえあった代物だがその後改良された。

23年度予算案にトマホーク本体と専用の格納容器（キャニスター）を合わせた購入費２１１３億円が計上されている。単純計算すれば、格納容器と合わせて1発当たり約５億２８００万円となる。一方、米海軍省の23会計年度予算書には、トマホークの単価は１８２万２０２５ドル、格納容器18万９３５０ドルと明記されており、この時点での為替レート（１ドル＝１３６円）で計算すれば約2億７３５５万円となる。米政府は日本に、国内単価の２倍近くで売りつけている可能性がある（「しんぶん赤旗」23年2月28日）。

その高値のトマホークを４００発も爆買いするというのだ。トマホークを製造する米国企業・レイセオン社の幹部が自民党の防衛族議員を訪問している。国会内で自社製トマホークを

PRするロビー活動だと見られる。

昨年（22年）10月26日には、レイセオン社の幹部が自民党の若宮健嗣衆議院議員と議員会館内の事務所で面会。若宮氏は現在、衆院安全保障委員会で筆頭理事を務めています。同氏のフェイスブックによると、日米での防衛装備品の共同研究開発などについて意見交換をしたと報告し、トマホークを製造している会社だと説明しています。

同社と若宮氏の意見交換は、今年（23年）に入ってからも行なわれていました。若宮氏は1月24日に「訪日したレイセオン社の皆様と安全保障政策に関して具体的な内容で意見交換」と記していました。

この日「自民党本部で防衛関係費の財源検討に関する特命委員会」が、開かれ同党の議員が財務省や防衛省の幹部と財源確保を議論。その場に若宮氏も出席していました。

若宮氏は安倍晋三政権で防衛副大臣を務め、自民党内では国防部会長を歴任するなど、防衛省とのつながりが深い防衛族議員です（「しんぶん赤旗」23年3月16日）。

レイセオン社は自民党の防衛族に売り込みに来ただけではない。安全保障政策に関して具体的な内容まで意見交換をやっていた。

武器見本市開催　大軍拡に群がる軍需企業

千葉市の幕張メッセで23年３月15〜17日、国際武器見本市「ＤＳＥＩ Ｊａｐａｎ ２０２３」が防衛省、防衛装備庁、外務省、経済産業省、海上保安庁などの全面的な後援のもとで開かれた。５年間で43兆円という岸田政権の大軍拡計画に国内外の軍需企業が群がっている。

４年ぶりに日本で開かれた今回は、前回より５割多い２５０社以上が参加。日本政府が昨年末に防衛費の大幅増を決めたことを受け、ビジネス拡大を見込む企業が日本市場に熱視線を送っている。

会場には日本や米国、ドイツ、イスラエルなど65カ国の企業のブースが並び、日本、英国、イタリアが共同開発する次期戦闘機の模型がゆっくりと回転しながら展示されていた。防衛省関係者のほか、制服を着た海外の軍関係者の姿も目立ち、さっそく企業と商談にのぞんでいた。

ＤＳＥＩは英国で１９９９年から２年に１度開催され、２０１９年に日本で初めて開かれた。21年に２度目の開催を予定していたが、コロナ禍で中止に。前回に続いて出展したというドイツ企業の幹部は「今回は、人の数がまったく違う」と話した。

活況の背景にあるのが、防衛力の強化を急ぐ日本政府の動向だ。岸田政権は昨年12月、23〜27年度の防衛費の総額をこれまでの１・５倍超の43兆円に増やすとともに、敵基地攻撃能力（反撃能力）の保有も決めた。

海外企業は需要増を見込み、アピールに余念がない。

日本政府が購入を決めた米国の巡航ミサイル「トマホーク」を製造するレイセオン日本支社の幹部は、「日本は防衛費を大幅に増やしており、どの企業も日本市場への関心はかなり高い」と話す。防衛省幹部は「『このミサイルはすぐ反撃能力に使えますよ』などと売り込んでくる企業が増えた」と明かす(「朝日新聞デジタル」23年3月15日)。

活況を呈しているのは海外の軍需企業だけではない。国内最大手の軍需企業・三菱重工は〝ミサイル特需〟で空前の活況ぶりである。22年末5234円だった株価は、執筆時点(23年12月5日現在)で8122円に急上昇。1年で約3000円も上がっているほどだ。

……4～6月期の決算で受注高、売上高、利益いずれも同期として過去最高になりました。特に軍事部門(防衛・宇宙セグメント)の受注高は6871億円と前年同期比で7倍以上に膨張。この3カ月間だけで22年の1年分の受注高に匹敵します。

三菱重工の小沢寿人最高財務責任者は8月4日の決算説明会で、受注高が急増した要因として「スタンド・オフ・ミサイルが大きい」と説明。岸田政権が安保3文書に基づき導入を進める敵基地攻撃能力＝長射程ミサイルによって特需が発生していると認めました。

三菱重工は長射程ミサイル開発を一手に引き受けています。同社と防衛省は、今年に入り、12式地対艦誘導弾能力向上型や島しょ防衛用高速滑空弾、極超音速誘導弾、潜水艦発射型誘導弾の4種類のミサイル開発・量産を一気に契約しました。

長射程ミサイルだけではありません。21～23年度の事業計画では、安保３文書の一つである「防衛力整備計画」に関する事業として▽迎撃ミサイル「ＳＭ３ブロック２Ａ」の開発▽無人機・無人車両技術▽新型護衛艦の建造▽戦闘車両の開発・量産▽戦闘機やヘリの可動率向上にむけた業務支援―を列挙。「防衛のリーディングカンパニー（中核企業）として幅広く取り組む」と強調します。

防衛省の中央調達（武器や燃料などの購入）も増加傾向です。ここ数年、米国からの武器輸出が急増していますが、これと並行して三菱重工の契約額も伸長。21年度は４５９１億円と近年で最も高く、22年度も３６５２億円と高水準が続きました。小沢氏は決算説明会で「今後５年間の売上高成長のけん引役は、防衛が筆頭だ」と株主に宣言しています（「しんぶん赤旗」23年10月22日）。

長射程ミサイル導入をめぐる「国産派」と「米国製派」の暗闘

内外の軍需企業が大軍拡に踏み出した日本政府に熱い眼差しを向け、にわかに活況づいている様子がよく分かる。その長射程ミサイルの導入をめぐって、毎日新聞は「国産派、米国製派暗闘」という長文の記事を掲載している。安倍政権末期の20年６月～９月にかけて首相官邸で行われた５回にわたる国家安全保障会議（日本版ＮＳＣ）の４大臣会合でのやりとりを取材したものだ。出席者は首相、官房長官、外相、防衛相、関係省庁の幹部ら。安倍晋三首相が退陣したのはこの会議の５回目を終えた９月16日のことだ。

国家安全保障会議（日本版ＮＳＣ）４大臣会合の会議内容は安全保障上の機微に触れるとして公表されていない。しかし毎日の記者が取材を進めると、昨年末（22年）岸田政権が閣議決定した改定安保三文書で、相手国のミサイル発射拠点などをたたく「敵基地攻撃能力」（反撃能力）の保有を決める出発点になり、導入するミサイルの選定をめぐって意見が割れていたことが見えてきたという。まずは「国産派」と「米国製派」の暗闘の契機となる長射程ミサイル導入のいきさつからたどってみたい。

安倍晋三首相（当時）の主導で始まった。北朝鮮の弾道ミサイルを防ぐために導入予定であった、陸上配備型迎撃ミサイルシステム「イージス・アショア」の配備計画が頓挫したことから、敵基地攻撃能力の検討を本格化させようと考えたためだ。安倍氏は17年２月の段階で、来日した米国のマティス国防長官（同）に「敵基地攻撃能力を持ちたい」と伝えており、もともと前のめりだった。

反撃能力を保有すれば、自衛隊が「盾」の役割に徹し、打撃力としての「矛」を米軍に委ねるという、戦後堅持してきた専守防衛は変質する。４大臣会合では、反撃能力行使のために配備するミサイルの種類まで検討していた。新たに射程を伸ばす国産ミサイルか、実績のある米国製ミサイルか。「国産派」と「米国製派」が対立する構図だった（「毎日新聞」23年４月12日）。

そもそも敵基地攻撃は憲法違反である。しかし政府は敵基地攻撃論を合憲とする立場や専守防衛の範囲と述べてきた経緯がある。１９５６年には鳩山一郎首相が「他に手段がないと認められる限り誘導弾などの基地をたたくことは、法的には自衛の範囲に含まれ可能である」と答弁しているが、その答弁の後段で「防御上便利であるというだけの場合に安易にその基地を攻撃するのは自衛の範囲には入らない」と安易な武力行使を戒める言葉がちゃんと入っている。つまり外交などで決着せずに相手が弾道ミサイルを日本に打ち込んでくるのを回避する手段が他にない場合にはその発射する基地をたたくということも自衛に入るという見解だ。しかし政策判断としては敵基地をたたくような攻撃能力は保持しないできた。１９５９年には衆議院内閣委員会で伊能繁太郎防衛庁長官は「平時から他国を攻撃的な脅威を与えるような武器を持っていることは、憲法の趣旨とするところではない」と答弁している。敵基地攻撃論の急先鋒だった安倍晋三元首相ですら「外国に出かけていって空爆を行う……あるいは撃破するために地上軍を送って殲滅《せんめつ》戦を行うことは（自衛のための）必要最小限度を超えることは明確であり、（憲法で）一般に禁止されている海外派兵に当たる」（15年7月3日）とまで言い切っている。しかしこの毎日新聞の記事からは、外交を尽くす議論が行われた形跡はなく端から敵基地攻撃能力を保有し、長射程ミサイルを導入する論議をしていることがうかがえる。

敵基地攻撃能力保有が安全保障政策として具体に出てきたのは、北朝鮮が２０００年前後頃から人工衛星を打ち上げるようになり、17年8月29日北海道沖に着弾するミサイルを発射したことを皮切りに、日本列島近海や上空を通過する弾道ミサイルを度々発射するようになったのが契機である。陸上配備型迎撃イージス・アショアの設置計画は、北朝鮮から発射される弾道ミサイルを防御する弾道ミサイル防衛（ＢＭＤ）システムの一翼をなす計画で、17年に導入が決定され、秋田市と山口県萩市の陸上自衛隊演習場に配備予定だった。しかしこの配備計画は間もなく頓挫し、20年6月17日河野太郎防衛相（当時）が、配備計画の撤回を表明する。イージス・アショアの配備にかかる予算が当初の見積よりも大幅に上回る金額になると予想されたためとされる。

　またイージス・アショア打ち上げロケット第1段ブースターが近隣に落下する恐れがあり、配備予定地の秋田県新屋演習場に隣接する周辺地域で配備反対の声が高まった。アメリカ製の第1段ブースターの燃焼時間はわずか6秒。重量は約７００キログラムもあり、推進剤を使い切っても約２５０キログラムの残骸が落ちてくることになる（ＪＳＦ「軍事／生き物ライター」20年6月16日）。反対運動が起きたのは当然のことである。

　くわえて防衛省が住民への説明会で間違ったデータを提示するなど不手際が続いて配備場所の再検討に追い込まれた。また山口県の配備予定地でも住民への説明が間違っていたことが判明し、イージス・アショア計画の全てが停止に追い込まれた。

　イージス・アショアの配備が頓挫したことがあって、安倍元首相が敵基地攻撃保有や長射程のミサイル導入の具体的検討を本格化させたことがうかがえる。

「国産派」は、自衛隊がすでに運用している地上発射型ミサイル「12式（ひとにしき）地対艦誘導弾」を改良して、射程百数十キロメートルから約１０００キロメートルに伸ばす案を掲げた。防衛産業で最大手の三菱重工業が開発を担い日本独自の装備を持つことを重視。安倍氏側近だった今井尚哉元首相補佐官、元首相秘書官の島田一久前防衛事務次官らが強く主張した。

これに異を唱えたのが「米国製派」。当時の茂木敏充外相や、外務事務次官だった秋葉剛男国家安全保障局長ら、日米関係により重きを置く顔ぶれだった。国産の12式の改良には「時間がかかり過ぎる」と疑問を呈し、米軍が実践装備している米国製ミサイルを先に導入すべきと主張した。４大臣会合では明確に示されなかったが、念頭にあったのは、長年日本への導入論が浮かんでは消えてきた米国製の巡航ミサイル「トマホーク」だった。この時は結論が出なかったが、約２年後、政府は導入を正式決定した。「台湾有事」への備えがカギだった（「毎日新聞」同前）。

「約２年後、政府は導入を正式決定した」とは、いうまでもなくトマホークの導入を含め岸田政権が閣議決定した改定安保三文書のことである。「国産派」が国産ミサイルに強くこだわった背景には、国内で防衛関連企業の撤退が相次ぎ、防衛産業の基盤や技術力が失われることへの危機感があった。この危機感が軍需産業支援法の成立へ繋がっていくが、この点については後述したい。

安倍氏は持病が悪化し20年８月退陣を表明。退任直前の９月、安全保障に関する、異例の「内閣総理大臣の談話」を出している。「わが国を取り巻く安全保障環境は厳しさを増しています」として北朝鮮のミサイル能力向上を強調し、「迎撃能力を向上させるだけで本当に国民の命と平和な暮らしを守り抜くことが出来るのか」と主張し、歴代政権が憲法9条の下で建前だけにしても踏襲してきた専守防衛をかなぐり捨てる敵基地攻撃能力保有にこだわり、その具体的な検討を以降の政権に託したのだ。

岸田政権が閣議決定した改定安保三文書（22年12月16日）で、敵基地攻撃能力保有と43兆円もの大軍拡計画が突然打ち出されたように見えるが、そのレールは安倍政権時代にすでに敷かれていたことがわかる。しかし憲法9条のもとで歴代政権が踏襲してきた専守防衛という、安全保障政策の大原則からの大転換だけに、敵基地攻撃能力保有と大軍拡をいきなり表出しするのはリアクションが大きすぎる。政権側はそのタイミングを探ってきたと言っていい。フランスリベラシオン特派員の西村カリン記者が「自民党は敵基地攻撃能力保有を表出しすることを我慢していた。しかしロシアのウクライナ侵略はチャンスになった」（ネット番組「デモクラシータイムズ　ウィークエンドニュース」23年8月5日「なぜ急ぐ戦争できる国」）と述べているのは図星である。

22年2月24日、ロシアがウクライナ侵攻を始めた。以来今日までカラスが鳴かない日があってもウクライナ侵略が報道されない日はないほどに、メディアは連日ロシアの蛮行や戦闘の模様を伝えている。これらの大量の報道は、「今日のウクライナは明日の〝台湾有事〟」が虚構であっても本当であるかのように思わせるに十分である。再びヘルマン・ゲーリングの言葉を想起したい。国民が「好戦的」になったわけではないにしても、少なくない国民が、先制攻撃が可能な敵基地攻撃能力保有を容認している事実を見逃せない。

国産ミサイルのつなぎにもならないトマホーク

毎日新聞の「国産派、米国製派　暗闘」の終り「強まる米依存」の節で「トマホーク導入決定後疑問視する声はやまない」として、３月１日の参院予算委で辻元清美議員（立憲民主党）が「高いお金を出して４００発。トマホークは何をするために買ったのか」と、岸田首相を質したことが触れられている。どういうことなのか、質疑を議事録から追っておきたい。

○辻元清美君　まあ、ほかのミサイルの開発、時間が掛かるから、つなぎまでトマホークをということですね。この間答弁されていました。

○国務大臣（浜田靖一君）　今お話にあったとおりです。私どもとすれば、その一二（12）式（の改良）までの間、それを埋めるためにトマホークの導入を図ったということでございます。

○辻元清美君　もう一度聞きます。トマホーク、アメリカからの納入はいつですか。

○国務大臣（浜田靖一君）　先ほども申し上げたように、令和八年度（26年）及び令和九年度（27年）に納入される予定であります。

○辻元清美君　そうしますと、島嶼（南西諸島のこと）防衛用高速滑空弾の導入はいつですか。

○国務大臣（浜田靖一君）　お尋ねの一二式の地対艦誘導弾能力向上型（注・射程距離を延したミサイル）の地上配備及び島嶼防衛用の高速滑空弾については、令和五年度（23年）予算案において量産に必要な経費を計上しており、二〇二六年度（24年）から導入の予定であります。

○辻元清美君　あのですね、トマホークも二〇二六年と二〇二七年に分けて納入されると。つなぎと言っていたけど、この一二(12)式とか島嶼用も二〇二六年導入なんですよ。トマホーク、つなぎにならないいんじゃないですか、総理。どうですか、総理。いかがですか。

○国務大臣（浜田靖一君）　国産のスタンド・オフ・ミサイル（注・12式の地対艦誘導弾の長射程改良型のこと）を所要量を整備するには一定の時間を要することから、それまでの間に十分な能力を確保するために、既に量産が行われているトマホークを導入するということとしたところであります。

○辻元清美君　でも、国産のそれらのミサイルも二〇二六年に導入と。トマホーク、いつアメリカから来るのと聞いたら、二〇二六年、二〇二七年。これじゃ、つなぎにならないじゃないですか、総理。これは総理ですよ。

○内閣総理大臣（岸田文雄君）　今防衛大臣からもありましたように、国産のミサイルの開発、そしてこれを配備するのに時間が要する、それまでの間、既に量産されているトマホークを活用する。その間、この緊迫した安全保障環境の中で一刻も早く日本として体制を備えるためにこうした双方の手段を用意していく、こうした考え方に基づいてこの計画を進めていく、こういったことであると思っています。

国産の12式の改良には「時間がかかり過ぎる」ので、米軍がすでに実践装備している米国製ミサイル・トマホークを先に導入し、国産ミサイル開発までの〝つなぎ〟にすると説明されていたのに、12式の改良が26年になると言い、トマホークを導入するのは26年度と27年度の予定というチグハグ答弁ぶり。改良し、26年度導入するという国産ミサイルの〝つなぎ〟にもならない。結局長射程ミサイルの導入を巡って「国産派」と「米国製派」が〝暗闘〟というものの、両派が主張するミサイルが導入されることになったのだ。

先出の毎日新聞の記事は次のように締めくくっている。

野党だけではない。政府内の国産派には、トマホークの性能への不信感もある。導入を目指すのは「ブロック５」という最新型だが、超音速ミサイルがロシアなどで実戦配備される中で速度は音速以下のマッハ０・75程度、時速約９２０キロにとどまる。12式と異なり、敵のレーダーなどで捉えにくいステルス性能もない。

（トマホークのような）誘導システムは「旧式タイプ」とされる。事前に標的までの飛行に必要な等高線などの地形データを入力した上で、全地球測位システム（ＧＰＳ）により誘導する。三次元の地図データを米国から入手するのであれば、米国依存はより強まる。

ある政府関係者はトマホーク導入の方法に関して、こう漏らした。

「日米同盟は大事だが、依存度が高まれば日本の採用の余地は狭まる。トマホークを買わなければならなくなったこと自体が日本の防衛政策の至らなかった部分だ。12式を早く長射程化することができなかったのか」(「毎日新聞」同前)。

ステルス性とは、軍用機、軍艦、戦闘車両等の兵器をレーダー等のセンサー類から探知されにくくする軍事技術のことである。

「緊迫した安全保障環境の中で一刻も早く日本として体制を備えるため」と言いながら、〝つなぎ〟にもならず性能的に劣ると不信感のあるトマホークを高値で400発も爆買いするのは、同盟国アメリカへの義理立てであり、税金の無駄遣いの極みである。

24年を迎えた元日の午後、マグニチュード7・6、震源は浅く最大震度7の能登半島地震が起きた。死者241人(3月8日現在)、多くの家屋が倒壊し、電気、水道、ガス、道路などインフラが遮断されている。被災者が大変な思いで避難している様が日々伝わってくる。被災者が困っているのはトイレ、入浴、洗濯、暖房など多様だ。トイレトレーラを保有している自治体や民間会社が被災地へ派遣し喜ばれている。しかし台数は限られている。地震後1カ月を経ても1万数千人が避難生活を送っている中では間尺に合わない。5億2800万円するトマホーク一発だけでもたくさんのトイレトレーラ―を確保できるだろう。地震国日本、災害国日本でやるべきは、敵基地攻撃能力保有ではなく災害に強い社会だろう。

23年10月4日、木原稔防衛相は米ワシントン近郊の国防総省でオースティン国防長官と会談し、米国製長距離巡航ミサイル「トマホーク」について、当初予定より1年前倒しで25年度から取得することで一致したと報道された。「〝つなぎ〟にもならない」と追及されたことへの辻褄合わせだろう。しかし1年前倒しで導入されるのは、「ブロック４」という旧式のトマホーク。最新式の「ブロック5」でも性能的に劣ると言われていたのに、導入するのは一つ前の旧式。1年前倒しというものの、今回の合意は製造元レイセオン社の旧式兵器在庫一掃だろう。米政府は11月17日、この売却を承認し、議会に通知したと報じられた。関連器材等を含めた売却額は約23億５０００ドル（約３５００億円）。円安などが影響し、23年度予算で計上していた３２１７億円より約２８０億円膨らんでいる。

他方「国産派」がこだわるのは「国内で防衛関連企業の撤退が相次ぎ、防衛産業の基盤や技術力が失われることへの危機感」があるという。「軍需産業支援法」にその狙いが如実に表れている。それは次章で詳述することとしたい。

第7章

産業・経済・財政を歪める軍事化

改定安保三文書の一つ「国家防衛戦略」に、政府が防衛産業の生産・技術基盤を強化することや販路拡大を支援することが明記されている。

軍需企業を事実上国営企業化

22年6月8日成立した「軍需産業支援法」（正式名称＝防衛省が調達する装備品等の開発及び生産のための基盤の強化に関する法律）は、国内の軍需産業を防衛力そのものと位置づけ、育成強化を法的に担保したものである。

その第29条には、国が採算のとれない軍需企業の製造施設を買い取り、設備投資や維持管理の経費を負担せずに経営を可能としており、究極の軍需企業支援策である。戦前の旧陸海軍は艦船、兵器、弾薬、機関などの軍需品の製造、修理を行なうために、国直属の工廠《こうしょう》を保有していた。大阪でいえば大阪城の北東側、寝屋川と第2寝屋川、JR大阪環状線に挟まれた広大な三角地帯に、戦前東洋一といわれた大阪砲兵工廠があった（現在の大阪ビジネスパーク＝OBP、大阪市中央区城見）。「軍需産業支援法」はまるで軍需産業国有化法である。東京新聞は次のように報じている。

今回の法案に関しては、事業の継続が難しくなった企業の製造施設について、国が取得・保有できる規定にも懸念の声が上がっている。実際の管理運営は民間委託し、「できるだけ早期に事業者に譲渡するよう努める」と定めるものの、不採算を理由に引き受け手を見つけられなければ長期間、国有化されたままになる。

軍事評論家の前田哲男氏は本紙の取材に「民間が買い戻すのは難しく、国がずっと保有することになるはずだ。戦前のような軍管理工場の復活に近づきつつある」と話す（「東京新聞」23年4月7日）。


何故そこまで国内の軍需産業を防衛力そのものと位置づけ、軍需産業の育成強化をはかろうとするのだろうか。防衛ジャーナリストの半田滋氏によれば、安倍政権時代アメリカから兵器を爆買いした結果、国内軍需企業への発注が減り続け、防衛産業から撤退する企業が相次いだという（ネット番組「武蔵野政治塾」第12回「敵基地攻撃能力保有と日米一体化、防衛費倍増は国民負担に?!」23年3月25日）。

民主党政権だった11年まで、アメリカから購入する武器契約額は、年400～600億円程度だったが、第2次安倍政権になって急激に増え出す。12年1300億円、15年4000億円、19年には7000億円という急増ぶりだ。安倍氏が退陣した20年でも4713億円とアメリカ製の武器を買うために多額の税金が使われ続けた。特徴的なのは第二次安倍政権以前までは、かくかくしかじかこういう兵器が必要という積み上げ方式で予算化されていたが、安倍政権以降は、アメリカ製武器を爆買いする政治的な契約が優先され、「こういう武器を購入契約したから使いなさい」と「納め渡し方式」に変わっているという。政治的思惑で爆買いした武器が自衛隊の現場にあてがわれているのだ。

結果、アメリカの軍需企業への支払いが優先され、国内の軍需企業への発注が減った上に支払いが滞ってしまう。そこで政府防衛省は特別措置法を作り、それまで5年分割払い（後年度負担）だったのを10年の分割払いに引き延ばす。国内の軍需企業にとっては支払いが先延ばしされたうえに、防衛省から研究開発費も得られなくなり、軍需生産から撤退する企業が相次ぐ。撤退した企業は03年以降１００社を超える。軍事産業そのものを防衛力と位置付ける「国産派」は、軍需産業の衰退に危機感を強めたというが、元を正せば第二次安倍政権時代から始まった度はずれなアメリカ製武器の爆買いにあった。

繰り返すが5年間で43兆円もの大軍拡は積み上げ方式によって算出されたものではない。アメリカ製武器の爆買いを続けながら国内軍需企業にも武器発注を続け、軍需生産から撤退されないよう大軍拡が打ち出されたというのが実相である。

国民の目・耳・口をふさぎ、大軍拡

しかしそれだけでは国内の軍需産業が確かな「防衛力」として成長していくには限度がある。軍需企業側からいえば販路がほぼ自衛隊に限られ売り上げを伸ばしにくい。14年に武器輸出三原則を防衛装備移転三原則に緩め、一定の条件下で輸出を認められるようにしたが、完成品の契約はフィリピン向けの警戒管制レーダーの1件にとどまっている。そこで「軍需産業支援法」には海外への武器輸出の販路を広げる仕掛けが盛り込まれている。輸出先の要望に合わせて装備品の性能や仕様を変えたり、技術の一部を秘匿したりするのに必要な企業の負担を軽減させる基金を創設しその費用を助成する。23年度予算案に４００億円の費用を計上されている（「日本経済新聞デジタル」23年２月10日）。

また海外への武器輸出を加速しようとすれば、軍需企業に技術漏洩《ろうえい》を防ぐことが求められる。「装備品等秘密」に指定した情報を企業側が漏洩した場合に「１年以下の拘禁刑か50万円以下の罰金に処する」刑事罰が新設された。防衛省職員や自衛隊員と同程度の厳重な罰則が課せられる。

元々、自衛隊法では防衛省訓令上の「秘密」を漏らした防衛省職員や自衛隊員に対し１年以下の懲役か50万円以下の罰金に処すると定められていますが、今後は民間人にも同様の罰則が科せられる方向になります。

これまでは、刑事罰が科せられるのは特定秘密保護法に基づく「特定秘密」や米国から提供された「特別防衛秘密」が対象で、漏洩した場合には10年以下の懲役などを科すと規定されていました。それ以外の情報を防衛企業の役員や従業員が漏らしても、契約解除や違約金の支払いといった民事上のペナルティーがあるだけでした。しかし、今後は（防衛省訓令上の）「秘密」の一部を「装備品等秘密」と位置づけ、知り得る立場の民間人が故意に漏らした場合も刑事罰の対象にすることになります（「ＤＡＴＡ ＣＬＡＳＹＳ」23年１月21日）。

しかも漏洩だけでなく、企て・教唆《きょうさ》・幇助《ほうじょ》も処罰の対象とされる。これらの動きは、国民の知る権利を侵害し、メディアの取材報道を萎縮させる。

政府は国会論戦で追及されても安全保障の機微に触れるとして、敵基地攻撃用ミサイルの射程や数量、保管場所さえなかなか国民に示そうとはしない。国民の目・耳・口をふさぎ、国民の知らないところで大軍拡が進められようとしている。

こうした武器輸出加速の動きと一体で、軍事機密だけでなく経済安全保障の分野でも機密情報漏洩の強化がはかられようとしている。政府は「重要経済安全保障情報の保護及び活用に関する法案（仮称）」を自民党の部会に提示し（2月7日）、24年通常国会に法案提出を準備している。軍事や外交の機密情報の漏洩者に罰則を科している現行の特定秘密保護法制で、機密情報の範囲を経済・技術分野にまで拡大する。機密情報の取り扱い資格者を認定する「セキュリティークリアランス（適性評価、SC）」制度も拡大する。経済安保に関連する分野の労働者や研究者が新たに対象となり、犯罪や懲戒の経歴、飲酒の節度、借金の状況などの調査を受ける。本人だけでなく、配偶者、父母、子、兄弟姉妹も対象になるというのだ。

国会内で勉強会を開催（2月13日）した日本弁護士連合会は、この法案で新たな機密情報とされている「重要経済安保情報」の幅広さ―▽サイバーに関する情報▽規制制度の審査に関する情報▽産業・技術戦略やサプライチェーン（供給網）に関する情報▽国際的な共同研究開発に関する情報―に注目し、政府の判断次第で無制限に拡大する恐れがあると指摘する。

東北大の井原聰《さとし》名誉教授は、経済安全保障推進法が定める、半導体など戦略物資、人工知能（AI）、宇宙などの先端技術、水道・電気・金融などの基盤インフラを挙げ、「対象者が飛躍的に増え、数十万人規模もあり得る」と指摘。職場内の相互監視や人事管理の強化を警告した。

弁護士の海渡雄一氏は、戦前の秘密・監視社会をつくった「国家総動員法」になりかねないと指摘。日弁連の齋藤裕副会長は、秘密の肥大化を招き、「国民の知る権利を侵しかねない」と強調している（「しんぶん赤旗」24年2月14日）。

武器輸出（禁止）三原則の度重なる骨抜き、「殺傷兵器」輸出解禁へ

そのうえで政府は武器産業を育成するために海外に販路を広げ、武器輸出規制をいっそう緩めようとしている。ここで武器輸出（禁止）三原則の意義と骨抜きにされていく経緯を振り返っておきたい。

武器輸出（禁止）三原則は、政府が67年（昭和42）に（1）共産圏諸国、（2）国連決議で禁止された国、（3）国際紛争の当事国やそのおそれのある国に対する武器輸出を禁止する旨表明して政策として確立された。以来武器輸出を「慎む」ことを「国是」とされてきた。他国の武力保持に日本が加担しないことを定めたこの三原則は、日本経済が武器の生産と輸出に依存しないように歯止めをかける──日本経済の「武器常習性」を低くとどめる──効果があった（「小野塚知二『死の商人』への道──武器輸出・軍事研究とアベノミクスの隘路《あいろ》」「月刊保団連」No.1245）。それは憲法9条の理念に沿うものだった。

からくも半世紀近く守られてきた武器輸出（禁止）三原則に穴を開けたのが野田内閣である。

11年12月27日、藤村修官房長官談話として、（1）平和貢献・国際協力にともなう案件は、防衛装備品（武器）の海外移転を可能とする、（2）目的外使用・第三国移転がないことが担保されるなど厳格な管理を前提とする、（3）安全保障面で協力関係にある国で、共同開発・生産がわが国の安全保障に資する場合はそれを推進する―との実質的改定が行われる。

これを前提にして、安倍内閣は14年4月1日武輸出三原則に代えて、「防衛装備移転三原則」を閣議決定している。（1）原則的な輸出禁止から禁止する場合（佐藤首相答弁2・3に相当）の限定への変更、（2）移転を認めうる場合（平和貢献・国際協力と日本の安全保障に資する）の限定、厳格審査、情報公開、（3）目的外使用と第三国移転について日本国政府の事前同意を相手国に義務付ける―3点を主な内容として、武器輸出は解禁される。

続いて安倍政権は安保法制を強行した翌月の15年10月、防衛省の外局として防衛装備庁を発足させる。防衛装備庁は自衛隊の武器の調達・開発だけでなく武器輸出を主管する。そのために武器輸出に貿易保険を適用し、武器輸出を国費で促進することまでやるようになる。貿易保険とは、カントリーリスク（相手国の事情に起因する非常危険）を日本政府が引き受ける制度。相手国が支払い不能の状態に陥っても、武器輸出企業はこの保険に加入しておけば、輸出先から回収できない代金を貿易保険によって補塡してもらえるというわけだ。「過去には保険金支払いで保険財政がひっ迫し、政府が一般会計から多額の税金を繰り入れたこともあります。「貿易保険の活用は武器輸出企業の損失を税金で穴埋めする事態につながりかねません」（「しんぶん赤旗」15年10月11日）。

岸田政権は、武器輸出三原則の運用指針をさらに緩める見直しを検討している。自民、公明両党は防衛装備品の輸出ルールを定めた「防衛装備移転三原則」の要件緩和を検討する与党協議で論点整理案を示したと報道された（「東京新聞」23年６月30日）。英国、イタリアと共同開発する次期戦闘機を念頭に、共同開発・生産の相手国による第三国輸出を認める必要性で一致し、日本からの輸出解禁を求める内容だ。その後、日本企業が他国などから技術を取得して生産するライセンス品や、今後退役する航空自衛隊Ｐ15戦闘機のエンジンなど、「殺傷武器」に該当する武器部品の第三国移転を可能にすることで合意している。

政府は23年12月22日、「防衛装備移転三原則」と運用指針の改定を閣議決定し、弾薬や戦闘機などの殺傷兵器の輸出解禁を本格化させる。新指針は、他国企業から技術を得て国内で生産する「ライセンス生産品」についてライセンス元国から第三国への輸出を解禁。第１弾として、地対空誘導弾パトリオット（ＰＡＣ2Ｐ、ＰＡＣ３）の米国への移転を決定している。運用指針は、「現に戦闘が行われている国」への提供を除外するとしたが、歯止めの保証はない。

国際共同開発品の第三国輸出は、「完成品」の直接輸出を盛り込まなかったものの、戦闘機のエンジン、主翼などの「部品」や技術の提供を可能としている。

日本、英国、イタリア３国で共同開発する次期戦闘機を念頭にした国際共同開発品の第三国輸出については、「完成品」の直接輸出をめぐり「三原則」と運用指針の再改定を視野に自民、公明両党で来年初めから議論を再開するとしている。

米国以外の国への武器輸出を認めている非戦闘分野の「５類型」（救難、輸送、警戒、監視、掃海）については、「業務の実施又は自己防護に必要な自衛隊法上の武器」を輸出可能とする見解を盛り込んでいる。類型見直しなど議論を継続するとされる。

米航空専門ブログ「アビエショニスト」によると、イスラエル軍は米国製のF35ステルス戦闘機をパレスチナ・ガザ地区の空爆に投入しているもようだ。F35の開発には英国など8カ国が参加し、日本やイスラエルなどが配備を進めている。政府・与党は英国・イタリアと次期戦闘機を共同開発し、武器輸出のルールを変えて第3国への輸出を狙っているが、この道に足を踏み入れれば、日本製の戦闘機が無辜《むこ》の市民の殺りくに使われ、国際法違反の紛争の当事国になる危険がある（「しんぶん赤旗」23年11月22日）。

「死の商人」が公然と復活、産業・経済の軍事化

では武器開発はどうか。防衛装備庁は「安全保障技術研究推進制度」を設けている。防衛省・自衛隊が必要とする研究テーマを公募し、大学や研究機関に競争的資金を配分する仕組みだ。防衛装備庁はこの制度について「近年、技術革新により民生技術が急速に進展しており、しかもこれらの先進的な技術は、これまでの戦い方を一変させる可能性をも秘めていることから、防衛にも応用可能な先進的な民生技術を積極的に活用することが重要であると考えています。安全保障技術研究推進制度（競争的研究費制度）は、こうした状況を踏まえ、防衛分野での将来における研究開発に資することを期待し、先進的な基礎研究を公募するもの」と説明している。

この競争的資金が急増している。発足した15年度は採択９件で総額２・６億円（予算ベース、以下同）だったが、16年度は６億円、17年度は１８２億円、18年度４７５億円、19年度７３１億円（要求ベース）。他方国立大学が法人化された04年以降、大学運営の基盤的財源の一つである運営費交付金が毎年削減されてきたことによって大学の運営や自由な研究が困難に陥っている。研究費に窮する大学や研究機関にとって「安全保障技術研究推進制度」はよだれが出るほどだが、このひも付き競争的資金に飛びつけば大学や研究機関が軍事研究に傾斜することは必至だ。こうした研究成果は新たな兵器の開発と生産に結び付き、日本版軍・産・学複合体というべきものが形成されかねない。産業・経済の軍事化、産・軍・学複合体が形成されると、軍事研究や軍事的開発をやらなければ、産業や経済、大学や研究機関に資金が回ってこないという深刻な歪みを招来することになる。

それは原発を稼働させる電力会社と原子炉メーカー、約10年の長期に渡り原発の建屋や地盤整備などの工事を請け負うゼネコン、資金調達する銀行などによって形成される「原発利益共同体」に似ている。地域独占と「総括」原価方式（原発で発電した電気を供給するのに要した費用をすべての費用を「総括原価」とし、それに一定の事業報酬〈事業資産の３パーセント〉を上乗せした金額が電気の販売収入と等しくなるよう電気料金を決める仕組み）に支えられる電力会社は絶対倒産することはない。その「原発利益共同体」から自民党やその政治家などに政治献金が回り、電力労連という労使一体型の労働組合から金も票も支援を得ている政治勢力が形成されている。東日本大震災での東京電力福島第一原発事故を契機に原発から撤退する国が世界のすう勢だというのに、日本では原発の再稼働や原発復帰が大手を振っているのは、この「原発利益共同体」の存在が大きい。

これらの軍需産業の育成や武器輸出のさらなる緩和の動きには、軍需生産を経済成長の一環に位置付ける狙いが垣間見える。いうまでもなく日本経済はバブル崩壊後もう30年間賃金が上がらず、経済成長が止まり「失われた30年」といわれる。先進国の中では日本だけが停滞している異常さである。その打開方向を産業・経済の軍事化に見出しているように見える。

……アベノミクスから垣間見えるような、軍事化を梃子《てこ》として日本経済の浮揚を図るという経済界の意向を挙げることができます。例えば、1980年代から韓国、2000年代から中国の台頭による世界における日本の造船シェアの低下をうけて、近年日本の造船業は軍艦などの軍事生産への傾斜を強めています。

また、欧米の兵器産業の再編と国際共同開発の発展に取り残される危機感、財政赤字問題から（中略）、経済界は武器輸出三原則の緩和を2000年代以降政府に強く求めるようになります。

これらの意向を受けて2015年1月9日に示された政府による新宇宙基本計画は、宇宙協力を通じた日米同盟の強化をうたっており、目標とする宇宙機器産業の事業規模は官民合わせて10年間で5兆円と言われています。

米国にとっても、日本の軍事産業の発展によって、米国では既に生産されていない兵器の生産を日本に任せるなど米国の軍事産業の補完的役割を期待できます。

現在私たちが直面しているのは、日米軍産複合体が経済的利益を追い求め、社会全体をコントロールしてしまうかもしれないという危機であると考えられます（『日本平和学会１００の論点』25「安倍政権の『軍事化』政策と日本経済の関係はどうなっているのでしょうか」阿部太郎）。

かつて世界の圧倒的シェアを占めていた日本の造船業が凋落してから久しいが、軍艦製造に傾斜しているとは驚きである。阿部氏が指摘しているように産業・経済を軍事化させ、それをテコに停滞し続ける日本経済を浮揚させようとしているように見える。かつて宮沢喜一外相（当時）は「わが国は兵器輸出で稼ぐほど落ちぶれてはいない」（１９７６年5月14日、衆院外務委員会）と答弁していたが、昔話になろうとしている。

事実軍需企業は自民党の政治資金団体「国民政治協会」へせっせと政治献金し、軍事予算を増やし軍需の拡大を期待している。細川政権時代の「政治改革」（94年）で、中選挙区制は金がかかるとして小選挙区制が導入され、企業団体献金を禁止する代わりに政党助成金制度が導入されたが、禁止されたのは政治家個人（あるいはその政治資金団体）であって、政党そのものやその政治資金団体は禁止されず、軍需企業は堂々と政権与党に政治献金を続けている。

防衛省に納入している軍需産業上位の企業が、２０２1年に自民党の政治資金団体・国民政治協会に1億６０００万円を超える献金をしている。

献金額が3300万円の三菱重工業は契約実績がトップ。射程を現在の百数十キロから1000キロ超に伸ばす「12式地対艦誘導弾能力向上型」や、音速を超える速度で地上目標を攻撃する「島嶼防衛用高速滑空弾の要素技術」、マッハ5以上で飛行し、軌道を自在に変えられる「極超音速誘導弾要素技術の研究試作」などを納入。憲法違反の「敵基地攻撃」を可能とする兵器も目立ちます。契約高は前年より約1500億円増え、4591億円。同年度の政府調達額1兆8031億円の25・5%を占めています。

献金額が2000万円の三菱電機は、中距離地対空誘導弾（改善型）、ネットワーク電子戦システム、空対空誘導弾などを納入、同5・4%。サイバー防護分析装置の借り上げ、掃海艇ソナーシステムなどの日立製作所は4000万円を献金しています。

献金が確認できたのは10社。あわせて1億6620万円を献金していますが、この10社で、政府調達額の61%を占めていました（「しんぶん赤旗」23年1月10日）。

このように軍需企業が政権与党に企業献金しながら、日本経済団体連合会は次のような「防衛産業」の政策提言をしている。

「防衛計画の大綱に向けた提言」（22年4月12日）では、わが国の安全保障環境は厳しさを増し、安全保障をめぐる課題は複雑化、多様化していると改定安保三文書と同様の認識を展開し、防衛産業の現状を「政府独自の工廠がないわが国においては、民間の防衛関連企業が防衛装備品を生産する。防衛装備品は多数の部品から構成されており、防衛産業のサプライチェーンにおいては、大企業から中小企業まで、多くの企業がそれぞれ重要な役割を果たしている」と評価。そのうえで「近年、防衛産業にとって厳しい環境変化が続いている。国産の防衛装備品の調達予算の横ばい傾向が続くなか、海外からの装備品調達が増加しており、２０１９年度は米国からのＦＭＳ（対外有償軍事援助）による装備品調達額は約７０００億円となった。また、装備品の高度化と複雑化により、調達単価が上昇し、調達数量が減少している。こうした傾向が続けば、製造の空白期間や、年度ごとの調達量の増減が生じ、防衛産業は安定的な操業ができなくなり、人員規模を縮小せざるを得ない」と脅し的な文面が綴られている。そのうえで防衛産業政策の具体的施策として、（１）防衛生産・技術基盤の維持・強化、（２）調達制度改革、（３）先進的な民生技術の積極的な活用、（４）防衛装備・技術の海外移転、（５）防衛産業サイバーセキュリティ基準への対応――と、軍需企業の要望をかゆいところまで提言している。

軍需企業はかつて「死の商人」と呼ばれた。戦争を「糧」とし、昔は鉄砲や大砲から近年はミサイル、核兵器まで、次々に新兵器を開発しては売りさばき、利益を得ている企業や組織のことを表す言葉だ。世界の「死の商人」たちの生態と系譜をまとめた岡倉古志郎の名著「死の商人」（岩波新書、１９６２年）によってこの言葉が広がった。朝鮮戦争特需で沸いた武器産業を告発したこの書は、ベトナム戦争特需で沸く中で広く読まれた。その後「死の商人」はひっそりしていたかのように見えたが、今再び岸田政権が改定安保三文書で打ち出した自衛隊の敵基地攻撃能力保有と5年間で43兆円の大軍拡に群がり活況を呈し始めている。

「経済」という言葉は中国の古典に出てくる政治用語「経世済民」（けいせいさいみん）の略

である。江戸時代には広く経済政策に使われていた。その意は「世を経（おさ）め、民を済（すくう）」。福沢諭吉は「political economy」の日本語訳に「経済」の文字を充てた。しかし産業・経済の軍事化は経世済民に反する。

43兆円どころか、ローン支払いを含めれば60兆円規模

５年間で43兆円という大軍拡は、23年以降軍事費が毎年ほぼ1兆円超ずつ上積みされ、５年間の軍事費の積算額である。しかし「東京新聞」（22年12月31日）によれば実際の規模は60兆円近くに膨れ上がるという。どういうことなのか。５年間で43兆円もの軍拡予算以外にも、23～27年度の５年間に契約する高額兵器購入費のうち、28年度以降に支払うローン（後年度負担）が16兆５０００億円もあるためだ。５年間の軍拡予算43兆円と合わせれば、59兆５０００億円になる。

この軍拡路線が5年後以降も続いていけば、軍事費のさらなる膨張とローン払いのために、自由に使える財源の幅が狭まり予算の硬直化がいっそう強まる。28年度以降は「43兆円」で済まないため新たな財源確保は避けられず、消費税などの増税や社会保障の削減、赤字国債の乱発につながる危険がある。現に今年2月19日開かれた防衛省の防衛力の抜本強化に関する有識者会議（座長＝経団連・榊原定征名誉会長）の初会合で、今後5年間で防衛費43兆円を増額する政府方針に「積み増し」を求める意見が出席者から相次いでいる（「日刊ゲンダイ」24年２月20日）。

元外務審議官を勤めた田中均氏は、敵基地攻撃能力保有と43兆円もの大軍拡について、限られた財源の使途優先度が誤っていると次のように指摘する。

限られた国の財源をどう使うかプライオリティー（優先度）が違っていないかということです。経済成長率、生産性、財政規律、ジェンダー平等など、どの指標をみても日本はもはやG７の最下位水準です。なぜ防衛費にはGNP比２％が使われるのに、現在防衛費と同水準にある科学技術や教育振興には使われないのか。プライオリティーの判断に誤りがあるのではないかと思います。

もうひとつは説明されていないことです。なぜ敵基地攻撃能力の保有や防衛費GNP比２％が必要なのか、国民に十分な説明をするべきです。また平和国家として、軍事大国にならないと宣言し、専守防衛をかかげてきたこととどう整合性がとられるのか、議論を深め、国民にも海外にも説明をしなければならない。しかし、これらがなされていません（「全国革新懇ニュース」23年７・８月合併号）。

「核を持たない日本にとって価値観を共有する米国との同盟関係は重要」という田中氏ですら、極度に財政硬直化している下で、大軍拡は優先度を誤っていると指摘する。

大軍拡財源なりふり構わずかき集め

では5年間で43兆円（後年度負担を含めれば約60兆円）もの大軍拡の財源の目途はあるのか？　大軍拡予算の財源を捻出するために、他の予算を流用し、国有財産の売却などしてかき集めようという軍拡財源法（防衛財源確保特別措置法）は、軍拡の23年国家予算案に賛成し与党寄り傾斜を強めている維新の会や国民民主党ですら、反対に回らざるを得ないほどあまりにもひどい法案だ。

政府は23年～27年度5年間の軍事費43兆円のうち、その5年度分前と比べた増額分約17兆円は税外収入のほか、決算剰余金、歳出改革、増税で賄うとしている。軍拡財源法で「防衛力強化資金」を創設したのは、23年度予算に計上された約４兆６千億円の税外収入を、複数年度にわたって防衛費に充てるためだ。

軍拡財源法は、（1）為替介入に備える外国為替資金特別会計と、公共事業などのための財政投融資特別会計からの繰越金（それぞれ1・2兆円、0・2兆円）を流用し、（2）国立病院機構と地域医療機能推進機構（ＪＣＨＯ）の積立金計７４６億円を流用するなどして約1・5兆円を確保するとしている。それ以外に特別会計からの繰入金や、コロナ予算による積立金や基金の国庫返納、国有ビルなど国有財産の売却収入などで約3・1兆円、合計約4・6兆円の税外収入を確保し、このうち約3・4兆円を２０２４年度以降の軍拡財源として「防衛力強化資金」に繰り入れるとしている。ＪＣＨＯの積立金に残余があった場合は、「年金特別会計に納付しなければならない」と現行法で規定されている。国立病院機構の病棟の建て替えや十分な看護師の確保もできていないというのに、医療や年金の財源を軍拡財源に回すというのは、「なりふり構わず」と言わずして何というのだろうか。

特別会計の繰越金などを「防衛力強化資金」に繰り入れすることは、これらの資金を防衛省の手元に置き、軍拡のために自由に使えるように「防衛省の財布のような役割」（田村貴昭衆議院議員、４月18日衆議院財務金融委員会）にすることだ。

しかし、増税以外の財源は安定的とは言えない。「税外収入として見込む国有財産の売却や特別会計からの繰り入れは一回限りにとどまる。税収に左右される決算剰余金を恒常的な防衛財源とすれば、税収不足の場合、それを穴埋めするためには国債の発行が必要となる。歳出改革の具体策も示されていない。借金頼みの防衛力強化は、とても健全とは言えまい」（「東京新聞」23年６月17日社説）。

そもそも国の予算は会計年度ごとに編成される「単年度主義」（憲法86条）を原則とし、当該年に執行される歳入・歳出を国会審議することになっている。この原則が憲法に盛り込まれたのは、無謀な戦争が国土を焦土化させ国民に多大な犠牲を強いただけでなく、膨張し続ける軍事費を国債で調達し、国家財政を破滅させた苦い教訓からだ。単年度主義を原則とするのは、軍事費に限らず財源を国債発行に安易に依存することを抑制するためである。ところが65年の佐藤内閣時代に戦後初めて赤字国債が発行され、80年で国債発行残高が71兆円とかろうじて財政規律が守られてきたものの、「失われた30年」が始まる90年代から赤字国債が乱発されるようになり、プロローグで触れたようについには１２００兆円（短期公債を含む）に達しようとしている有様だ。今後大軍拡が強行され、財源を国債に依存するようになれば、それこそ財政破滅を招くことは必至だろう。現に前年度比1兆4214億円増（伸び率26・3パーセント）の23年度の防衛予算（6兆8219億円）では、自衛隊の施設整備費や艦船の建造費4343億円が戦後初めて国債で調達されることになっている。「このままでは借金頼みの防衛力強化になりかねない。戦時国債の乱発による軍備拡張が悲惨な結果をもたらした教訓は重い」（「東京新聞」同前）。

今回成立した軍拡財源法とは別に、岸田首相は「防衛力」強化に向け東日本大震災の被災地復興に充てる復興特別所得税、法人税、たばこ税の増税を打ち出し、毎年1兆円強の増税方針を打ち出している。中でも重大なのは、東日本大震災の復興費に充てられている「復興特別所得税」の税収の半分を軍拡財源に流用することだ。毎年度の課税額は変わらないものの課税期間を延ばす。東日本大震災からの復興を願って特別所得税を負担している国民を踏みにじるせこいやり方だ。衆院財務金融委員会が福島市で開いた地方意見聴取会では被災地側から「許されない」という声が出ているのはあまりにも当然だ。

「防衛費増」と軍拡増税のはざまで揺れる世論

そもそも改定安保三文書で打ち出された大軍拡は、同盟国の軍事費をGDP比2パーセントレベルに求めている米国が発信源である。18年7月トランプ米大統領（当時）は北大西洋条約機構（NATO）首脳会議で「加盟各国に国防費の支出を国内総生産（GDP）比4パーセントに引き上げるよう要請した」と報じられたが、トランプ大統領自身は「NATO加盟国が直ちに防衛支出の対GDP比2《パーセント》に引き上げる必要がある」とツイッター（現X）に投稿したことが始まりである。20年に当時のエスパー国防長官は、日本を含む全ての同盟国に、GDP比2《パーセント》以上の軍事費確保を求めている。

これに応えるかのように、自民党は21年総選挙でGDP比2《パーセント》の軍拡を公約。岸田首相は22年5月の日米首脳会談などで「5年以内の防衛費の相当な増額」を宣言している。米国の要求に応じて、GDP比2《パーセント》の「金額ありき」で「専守防衛」を投げ捨て大軍拡を進めているというのが実相だ。

5年間で43兆円もの大軍拡は、大増税につながらざるをえない。共同通信が行った安全保障に関する世論調査（23年5月7日）では、大軍拡財源のための増税を「支持しない」は80《パーセント》となり、「支持する」の19《パーセント》を圧倒的に上回っている。半年前の22年11月調査で反対が64・9《パーセント》、12月が60・7《パーセント》と元々高かった反対世論がさらに高まっている。

他方、朝日新聞社と東京大学研究室が実施した共同調査では、「防衛費はもっと強化すべきだ」が6割を超えている（「朝日新聞デジタル」23年5月7日）。ロシアのウクライナ戦争が長引き、〝台湾有事〟が煽られる中、世論は揺れている。

反対世論の高まりを恐れて自民党の23年年度税制改正大綱には、防衛増税の実施を盛り込むことができず、防衛増税の実施は「2027年度に向けて複数年かけて」「2024年度以降の適切な時期」とだけ記され、増税は25年度以降に先送り。政府も「二四年以降」とした増税を1年先送りする方針に転じている。岸田首相は昨年末、「未来の世代に対する私たち世代の責任」と24年増税を示唆していただけに明らかな迷走だ。

軍拡予算が決まる前からゼネコンにご意見伺い――ゼネコンも沸き立つ

活況づいているのは軍需産業だけではない。ゼネコンも沸き立っている。防衛省は改定安保三文書を閣議決定した直後の22年12月23日と23年2月2日、大手ゼネコン担当者などを集めて意見交換会を行い、基地の構造物を強化・地下化し、空気ろ過フィルターなどを設置する「自衛隊施設の強靭化に向けて」が配布されていたこと、その基地強靭化の内容については第4章で既に触れた。その後防衛省は大手ゼネコン担当者などとの意見交換会を6回重ねている。ここでは23年2月26日付「しんぶん赤旗」日曜版がスクープした、「基地強靭化」の工事発注に向けてゼネコンと意見交換を行っている内容を紹介しておきたい。あきれるほどにゼネコンの要望を取り入れて進められている。

（22年12月23日の第1回会合で）防衛省が配布した文書「自衛隊施設の強靭化に向けて」。化学・生物・核兵器などによる攻撃も想定し、全国約3000の自衛隊基地の施設（約2万3千棟）の整備計画を明らかにしています。防衛省が文書に「これまで経験したことがない規模の事業量」と書くほどの大計画です。

同省は今年度、基本計画となる「マスタープラン」作成のための調査業務の発注を予定しています。その予算案は現在、国会で審議中。作成された「プラン」にもとづき来年度に工事を発注する予定です。

「プラン」作成のための調査業務の予算案も国会で議決されていないのに同省は、来年度からの工事発注についてゼネコンなどと意見交換をしていたのです。

大手ゼネコン元幹部は「発注前にゼネコンからアンケートをとるなど前代未聞だ」とあきれます。「防衛省は、お金はうなるほどあるので、受注してもらうためにはゼネコンの要求は何でものもうと思っているんだろう。国会で予算も通っていない段階でそのようなことをやっていること自体、信じられない話だ」（「しんぶん赤旗」日曜版23年２月26日）。

同記事で立正大学元教授の浦野広明税理士は、憲法83条が「国の財政を処理する権限は、国会の議決に基づいて、これを行使しなければならない」と定めているのに、１月23日に提出された23年度予算案の１カ月も前からゼネコンや建設コンサルタント五十数社の担当者を集めて意見交換会をやっているのは「財政民主主義」に反すると指摘。また防衛省は23年度「強靭化計画」の基本計画となる「マスタープラン」作成のための調査業務の発注を予定しているが、その予算案はまだ審議中だと指摘している。

第２回会合（23年２月２日）の配布資料には、第１回の会合でのゼネコンなどへのアンケート結果、それへの防衛省の回答が記されています。

「アンケート結果を踏まえた業務分担イメージ」として自衛隊の全国の基地・駐屯地を8つに分けて業務を発注するなどの具体的な案まで提示しています。

来年度に発注予定の工事の発注方式についてもゼネコンなどは自分たちに有利となる「設計施工一括発注方式やＥＣＩ方式を導入してほしい」（17件）と要望。防衛省は「入札・契約方式の選択オプション」の中に、ゼネコンなどが青天井の価格で工事契約が可能なＥＣＩ方式の改良案を入れています（「しんぶん赤旗」日曜版同前）。

防衛省がゼネコンや建設コンサル担当会社に詳細に要望を伺い立てている。５年間で43兆円の大軍拡のうち、基地「強靭化」には４兆円が充てられる。ゼネコンも活況づくはずだ。

第8章

系統的にはかられてきた戦争国家づくりの布石

アメリカが引き起こす海外での戦争（軍事紛争）に自衛隊が参戦することができる安保法制を成立させ、先制攻撃可能な敵基地攻撃能力保有し、長射程ミサイルなど最強の武器を実戦装備すれば戦争国家づくりが完成したかといえばそうではない。第5章で戦争を担う人的確保が何より必要と触れた。もう一つ付け加えると、戦争国家づくりには戦争する意思＝国民を戦争熱に駆り立てること、戦争遂行を阻む要素をなくしておくことが不可欠である。

06年安倍政権発足以来の政治の流れを俯瞰すると、法律の改正や新法の成立、憲法や法律の条項の解釈変更、閣僚の発言、官邸のメディア対策の動きなど、国民を戦争に駆り立てる仕掛けが系統的に打たれてきていることが見えてくる。なお、戦争法である15年成立の安保法制そのものについては、これまで折々に触れてきたので割愛したい。

戦争国家づくりの一里塚・教育基本法改正（06年）

06年9月26日発足した第一次安倍内閣は1年の短命に終わったが、安倍氏は持論だった旧教育基本法の改正を強行する。教育学者の児美川孝一郎氏は教育基本法の改正について「06年に教育基本法が改正されたとき、戦後の教育は、もちろんそれ以前にも幾多の紆余曲折はあったけれども、ついにルビコン川を渡ってしまった――復古的、戦前回帰的な愛国心教育と新自由主義的な教育目標を掲げた。しかし、それは、その後に起きた変化のほんの『序章』でしかなかった」（『日本の教育、どうしてこうなった？』児美川孝一郎／前川喜平、大月書店）と述べている。教育基本法の改正は、戦争する国づくりへの一里塚になったと言っていい。

旧教育基本法の改正点は多々あるが、第2条の教育の目標に「国と郷土を愛する態度を養う」愛国心を盛り込み、第6条の学校教育に「学校生活を営むうえで必要な規律を重んずる」道徳規律を盛り込んだことに注目したい。

安倍氏は後年旧教育基本法の改正について次のように振り返っている。

古い基本法は、一条から十一条までしかない法律であります。確かにさっと読めば、なかなか立派なことが書いてあるんですが、そこから……日本の香りがまったくしてこないんですね。まるで地球市民を作るような、そんな基本法であったわけでございますが、これは変えて（新・教育基本法）人格の完成とともに日本人というアイデンティティーを備えた国民を作ることを「教育の目的」に掲げて、そして「教育の目標」の一丁目一番地に『道徳心を培う』と書きました。そしてその後、伝統と文化を尊重し、そして郷土愛、愛国心を涵養していくということを書きこむことができたわけです（斉加尚代・毎日放送映像取材班「教育と愛国」岩波書店）。

旧教育基本法は、戦前の軍国主義教育が軍国少年少女を育てた反省から、教育の目標を人格の形成に置いた。しかし安倍氏はこの目標が不満だった。「日本の香りがしない地球市民を作るような」ものと揶揄し、改正教育基本法に愛国心と道徳心の涵養を盛り込んだ意義を強調している。また改正教育基本法は新自由主義的教育目標＝グローバル社会を勝ち抜く人材の養成をも掲げている。

この発言は09年の総選挙で自公与党が大敗し政権を民主党に明け渡し、野に降っていた安倍氏が、12年2月に開催された「教育再生民間タウンミーティングin大阪」(「日本教育再生機構」主催)のシンポジウムでのことである。日本教育再生機構とは、愛国心教育を徹底し、歴史修正主義的な育鵬社の教科書を使うことを主張する、超保守系の教育団体である。このシンポジウムは安倍晋三氏と、当時大阪府知事だった橋下徹氏が大阪市長に転出し、代わって府知事になったばかりの松井一郎氏、八木秀次日本教育再生機構理事長の3人が意見を交わし、折から始まる2月大阪府議会で、「大阪府教育基本条例案」可決へ機運を高めるための、事実上の決起集会だった。むろんこの条例案は改正教育基本法の内容に沿ったものだ。

ちなみに不動産鑑定価格9億6千万円もの国有地をただ同然で払い下げられた森友事件は、学校法人森友学園の塚本幼稚園(大阪市淀川区)で行われていた教育勅語を毎朝園児に暗誦させる教育に安倍氏が強く共鳴したことに端を発している。教育基本法を改正したものの、学校現場に愛国教育が徹底されていないことに不満を募らせていた安倍氏は、森友学園の籠池泰典理事長が塚本幼稚園と同様の教育内容を掲げる小学校の開校計画を持っていることを妻の昭恵氏を通じて聞き及ぶ。安倍氏が豊中市にある国有地をただ同然で森友学園の小学校用地に払い下げられるよう動いたのは、籠池理事長が「瑞穂の國記念小學院」と命名した小学校をパイロット校にして、復古的愛国主義を全国に広げようとしたことが動機である。

上からの愛国心は本質的に排他性を伴う

まず愛国心について考えてみたい。愛国心は平和で暮らしやすい政治が行われ、美しい故郷が守られれば、国民の中から自ずと自国の誇りと郷土への愛着が滲み出てくるものであり、わざわざ法律に書き込み強制することではない。

「子どもと教科書大阪ネット」事務局長の平井美津子氏によれば、本年度（24年度）からの小学校教科書に対する検定の特徴について、道徳や家庭科などで「愛国心」トーンの検定意見が増えているという。小学４年・道徳では、「君が住んでいる地域の、どこが好きかな」という文が「住んでいる地いきや日本の『いいな』と思うところは、どんな……」に修正され合格。社会科では小学５年から領土問題の記述があり、「竹島は……韓国に占拠され」の文に「不法に」を挿入するなど政治介入の影響があると指摘。南京事件や沖縄戦などで歴史認識の記述に後退がある一方で、いたるところに自衛隊が登場するなどの問題点を指摘している（「しんぶん赤旗」23年11月７日）。

上からの愛国心の強調は意図があってのことで本質的に排他性を伴う。実際戦前の日本社会では「忠君愛国」（天皇である君主に忠義を尽くし、国を愛する）の愛国心が煽られる一方で、「満蒙は日本の生命線」「大東亜共栄圏」「八紘一宇」「鬼畜米英」と侵略スローガンと排外主義が煽られ、戦争へ思想動員がはかられた。

15年にわたる日中戦争は、１９３１年９月18日中国北東部（旧満州）奉天郊外で南満州鉄道が爆破される柳条湖事件が発端の満州事変に始まる。日露戦争後のポーツマス条約（日露講和条約）で、日本はロシアから権益（大連、旅順を含む遼東半島南西部の租借権）と南満州鉄道の経営権を得る。南満州鉄道株式会社は関連企業80余りの一大コンツェルン（独占的企業集団）を形成し社員40万人を擁する国策会社になる。その防衛名目に配備されていたのが日本陸軍の関東軍だった。関東軍は、鉄道爆破が中国国民軍によるものと決めつけ、鉄道防衛のためとして反撃し軍事行動を拡大する（戦後になって関東軍の自作による謀略であることが明らかにされている）。関東軍は瞬く間に中国北東部の満州（遼寧、吉林、黒竜江の三省）及び蒙古（内モンゴル）を占領したが、この時の侵略スローガンが「満蒙は日本の生命線」だった。

この日中戦争から日米開戦に至る過程で、大東亜共栄圏や八紘一宇（「世界を一つの家にする」を意味するスローガン）によって国民の中に戦争熱がさらに醸成されていく。開戦されると鬼畜米英と敵愾心《てきがい》を煽り、中国人をチャンコロ、ロシア人をロスケ、朝鮮人を鮮人と蔑み、排外主義を煽り戦争熱が頂点に達する。愛国心と排外主義、敵愾心は国民を戦争へ動員する車の両輪である。

今日〝台湾有事〟が規定事実のように言われ、仮想敵国が中国であることを隠さなくなった。22年2月ロシアによるウクライナ侵攻が始まると、自民党や維新の会は「今日のウクライナは明日の台湾」とばかりに、ウクライナ情勢を敵基地攻撃能力保有と大軍拡の根拠に使っている。しかし〝台湾有事〟が言われ出したのは、21年4月16日の菅義偉首相とバイデン米国大統領の日米首脳共同声明からである。ロシアのウクライナ侵略開始以前から、〝台湾有事〟は言われ出しており、「今日のウクライナは明日の台湾」というのは後付けである。

自民党の閣僚経験者は「中国は話し合いができるような国ではない」とまで公然と言い、維新の会の和田有一朗議員に至っては「われわれにとって台湾は生命線だ」（23年5月31日衆院外務委員会）とまで言い放っている。和田氏は〝台湾有事〟をめぐり、「踏み込んだ対応をすべきだ。台湾を失うようなことがあったら、日本は立ち行かない」と軍事的対応まで求めている。まるで台湾が植民地であるかのような言いぶりである。再びヘルマン・ゲーリングの残した言葉を想起したい。こうした排外主義ともいうべき風潮と愛国心が結びつくことによって戦争へ国民の思想動員がはかられる。

口答えせず、異論を挟まない子どもづくり

次にもう一つの改正点、学校生活における規律について。長く教科外活動として行われてきた道徳の授業が小学校で18年度、中学校で19年度から教科化された。国の教育再生実行会議の提言を受けて教科化されたもので、各地で相次ぐいじめ問題が背景にあったとされる。

道徳の教材である「星野君の二塁打」（１９４７年発表。児童文学者吉田甲子太郎作）を例にとって規律重視の問題を考えてみたい。この作品は功刀俊雄奈良女子大教授によれば、戦後国語や道徳の副読本などの教材として広く使われてきたという。簡単にあらすじを紹介すると次のような内容だ。

ピッチャーの星野君は同点で迎えた最終回、監督から、先頭打者を「バントで二塁に送れ」

と命じられた。納得はできなかったが、監督の命令にそむくことはできない。バントのつもりでバッターボックスに入ったが、姿勢を少し変え、二塁打を打った。この一撃が勝利を決定的にし、チームは選手権大会への出場を決めた。

翌日、監督が選手たちを呼んで話した。

「僕が監督になったとき、相談してチームの規則を決めた。いったん決めた以上は、厳重に守ってもらう、チームの作戦として決めたことは、服従してもらわなくてはならないという話もした。だが昨日、僕は面白くない経験をした。僕は、昨日の星野君の二塁打が気に入らないのだ。チームの統制を乱したことになる」

チームメートが助け舟を出したが駄目だった。「いくら結果が良かったからといって、ルールを破ったという事実に変わりはない。チームの統制を乱した者をそのままにしておくわけにはいかない。僕は今度の大会で星野君の出場を禁止したいと思う」

星野君はじっと涙をこらえていた（『「星野君の二塁打」を読み解く』（功刀俊雄、柳澤有吾編著　かもがわ出版）。

功刀教授は、原作と比べると、教科書に載っているこの教材は時代背景なども考慮し、表現や設定などがかなり変わっているが、とりわけ出場停止を言い渡した監督が「星野君、異存はあるまいな」と聞き、「異存ありません」と答えた記述が最近の道徳の副読本や教科書には載っていないと指摘する。同教授は「この言葉は星野君像を端的に示すと同時に、作品の山場を構成するもので、悪しき改ざんと言わざるを得ません。だから星野君が約束や規則を破った悪いお手本とされてしまうのです。真摯に反省することの大切さを伝えたかったのではと考えています」という。しかしどの教科書も、星野君の行動は間違っており、監督の指示に従うことが「正解」であると読み取れる内容になっている。教師用指導書には、「集団生活における規律やそれを守ろうとする姿勢の大切さ、本当の自由の意味」を考えさせることと書かれている（朝日新聞・岡崎明子「星野君の『二塁打』削られたセリフ　作者が本当に伝えたかったこと…」https://withnews.jp/withnews）。

これは国にあっては天皇、家にあっては家長、教室にあっては教師に従うという戦前の天皇制や家父長制に通じる。戦前の日本社会にあっては上には逆らわず、社会に向かっては異論を挟まず、上には従うことが規律であり道徳であるとされた。こうした道徳や治安維持法による弾圧によって自由な言論活動、ましてや反戦活動は徹底的に弾圧され物言えぬ社会となり、一路対英米開戦に突き進んで行った。

ルールや秩序を守ることが最も大事だと教え込まれた子どもは、先生に口答えしないし、口答えする子どもは悪い子であるとされてしまう。そういう子どもたちが成長して大人になった時、自分の権利として「自由」を意識し、「自由」が失われそうになった時本気で闘い守ろうとするだろうか。彼（女）にとっては依然権力に対して物申さず、政府批判をする人は悪い人だろう。しかし「自由」よりも「秩序」が優先される日本社会であっていいはずがない。

様々なルールや秩序に息苦しさや恐怖を感じる人がいる一方、「良いもの」「安心」と感じる人もいるだろう。なぜなら、自分で考え、行動することが苦手で、ルールやマニュアル、秩序がないと安心できない人もいるからだ。

愛国心を植え付けられ、異論を挟まない教育がどんな効果をもたらしただろうか。先に触れた満州事変や日中戦争を当時の東京大学の学生がどう見ていたか。

一九三一年七月、今の東大のことですが、当時は東京帝国大学と呼ばれていた、その学生たちに行った意識調査の記録がある。満州事変の二カ月前です。この調査では、学生たちに、まずは「満蒙（南満州と東部内蒙古）に武力行使は正当なりや」と質問しています。……なんと、88％の東大生が「然り」つまり「はい」と答えている。私にとってこの数字は意外でしたね。内訳を見てみると、「直ちに武力行使すべき」という、血の気の早いお兄さんたちが52％いる。満州事変が起こるのは九月ですので、九月を過ぎていれば、新聞やラジオでさかんに事件を報道したと思いますので、事変後ならまだわかりますが（加藤陽子「それでも、日本人は『戦争』を選んだ」新潮社）。

加藤陽子氏はこの後で「一般的に、知的訓練を受け、社会科学的な知識を持っている人間は、外国に対する偏見が少なく外国に対する見方が寛容になる傾向があります」と述べ、「『中国側にだっていろいろな事情があるのだ。日本側にもあるように』と思える人間には、やはり知性、インテリジェンスがあるだろうと。たくさん勉強していたでしょうし、いろいろな知識を持っていたと思われる東大生の88％が武力行使を『是』としていたということに、私は驚きました」と述べている。

戦時中、反戦平和と自由の活動に弾圧が加えられた大阪商科大学事件は、対英米戦争が開戦されてから1年4カ月後の1943年3月から始まった。治安維持法の厳しい思想取り締まりのもと、このようなグループの活動が非公然で行われていたこと自体驚きだが、この弾圧によって30数名の教官や学生が治安維持法で検挙・投獄され、商大学生約40人が不拘束・短期拘留で特高警察の取り調べを受けた。長期勾留の中で3名が獄死し、心身に回復し難い障害をもったものが出た（「治安維持法と現代」20年春季号　広川禎秀「現代からみる大阪商大事件―戦時下の反戦平和と自由のための抵抗―」）。また釈放後の病死者数人をはじめ、少なくない学生が学業半ばにして戦場に送られている。

では当時の大阪商科大学生の戦争への意識はどうだったか。広川禎秀氏（大阪市立大学名誉教授）が、この事件で逮捕起訴（治安維持法違反）され、懲役2年（執行猶予）の判決を受けた林直道氏（大阪市立大学名誉教授。故人）に、「多くの学生の意識は反戦ではなかったのか？」と聞き取りをしている。林氏は「必ずしも（反戦とは）いきませんね。恐怖感……、しかし、恐怖感というのは恥ずかしい……。一人でじっと闇を見ていて寂漠とした気持ちになっているような……。だけど、卒業して誰が戦死した、彼が戦死したということがうわさで入ってくると、みんなショックでしたね。……（昭和）18年ですから、アッツ、キスカが陥落して、戦局が苛烈を極めてきた」と答えている（75年8月16日聴取）。

同じく商科大学学生だった一ノ瀬秀文氏（大阪市立大学名誉教授、故人）も（太平洋戦争開始「その頃は、まだ侵略戦争と感じなかった。やがて兵隊行かなならんのがかなわん」（同前 75年8月29日聴取）と述べている（以上23年10月4日「大阪商大事件80周年記念講演」資料）。

このように当時の東京帝国大学や大阪商科大学の学生の意識から、愛国心の排他性＝排外主義や戦争を聖戦とする軍国主義教育の影響の大きさを見てとることができる。

音楽評論家・作詞家の湯川れい子さんは、次のような衝撃的証言をしている。「海軍大佐だった父は44年に病死し、私と母は山形県に疎開しました。45年8月15日、母と並んで玉音放送を聞きました。その翌日、母は父の形見の懐刀を前に置き、9歳だった私にこういったのです。『アメリカ兵に辱めを受けるようなことがあったら自害します』。母は正座している私の両膝をひもで縛り、短刀の切っ先をのど元に当てさせました。懐刀を脇に置くと、母が後ろから頭を押しパタンと倒れる『自害の作法』を練習させられたのです」（「しんぶん赤旗」23年9月27日）。ある意味、戦前の社会は国民が軍国主義一色にマインドコントロールされていたといっていい。

自由に発信できるSNSやネット番組が普及し、以前とは情報、通信環境が一変した今日、一見すると誰もが自由に情報を手に入れ、表現でき、物が言える社会であるように見える。しかし「特定秘密保護法」（13年）や「共謀罪」法（17年）が強行成立し、放送法の「政治的公平」の解釈変更や、日本学術会議の新規会員候補6人が具体的理由を述べられないまま任命拒否（20年）される政治状況は、「もの言えぬ時代」——戦争・アメリカ・共謀罪」（朝日新聞東京社会部編　２０１７年）が到来していると言えるかも知れない。

特定秘密保護法（13年）

特定秘密保護法は日本の安全保障など軍事機密に関わる情報について、行政機関の長が「特定秘密」と指定した場合、それを漏洩させた国家公務員、地方公務員、警察官などの行政機関の職員、行政機関と契約して特定秘密を取り扱う民間企業の従業員などに対して厳罰を科すというものだ。また未遂の場合も過失による場合も処罰され、共謀すること、教唆すること、扇動することもそれぞれ処罰される。「特定秘密」を知ろうとする時や、その未遂の場合も処罰される。共謀すること、教唆すること、扇動することもそれぞれ処罰される。この罰則は、公務員、民間事業者、マスコミ関係者が対象となり、国会議員でも例外でないとされる。特定秘密を漏洩した公務員は10年以下、報道した記者は5年以下の懲役と軽くない。

日本弁護士連合会「特定秘密保護法の問題点とは?」によれば、「特定秘密」の対象は安全保障などの軍事機密とされるが、防衛、外交、特定有害活動の防止、テロリズムの防止に関する情報など、範囲が広くかつ曖昧で、「特定秘密」を指定し管理する行政機関の判断でどんな情報でも「特定秘密」にされる恐れがある。行政機関が国民に知られたくない情報を「特定秘密」に指定して、国民の目から隠してしまうことも可能だ（https://www.nichibenren.or.jp/activity/human/complicity_secret/secret/problem.html）。

秘密保護法には、「特定秘密」を取り扱う人を調査し、管理する「適性評価制度」が規定されている。調査項目はローンの返済状況、精神疾患などでの通院歴……等、プライバシーに関する事項を含め、多岐にわたる。秘密を取り扱う人は国家公務員だけではなく、一部の地方公務員、政府と契約関係にある民間事業者で働く人も含まれ、それらの人の家族や同居人にも調査が及び、広い範囲の人の個人情報が収集・管理されることになる。

例えば、国民の関心が高い普天間基地に関する情報や、自衛隊の海外派遣などの軍事・防衛問題は、「防衛」に含まれる。原発の安全性や放射線被ばくの実態・健康への影響などの情報は「テロリズムの防止」に含まれてしまう可能性がある。これらが行政機関の都合で「特定秘密」に指定され、主権者の国民の目から隠されてしまう恐れがある。

先に触れた戦時中の対馬丸事件（第2章）や本章で先述した大阪商科大学事件は、当時当局が厳しい緘口令を敷き戦後になるまで国民に知られなかった。もしこういう事件が起きても行政機関が国民に知られては困ると判断すれば「特定秘密」に指定し、国民の目・耳から隠すことができるのだ。

メディアがそのような「特定秘密」をかぎつけて取材しようとすると、「特定秘密の取材行為」として処罰されることになる。マスコミの記者やフリーライター、研究者などの自由な取材活動を阻み、萎縮させることになる。それだけでなく正当な内部告発も萎縮させる。

特定秘密保護法が何故その法案が必要なのか、立法事実（根拠となる事実）は、次の五つの事案とされる。
・ボガチョンコフ事件
・イージスシステムに係る情報漏えい事件
・内閣情報調査室職員による情報漏えい事件

・中国潜水艦の動向に係る情報漏えい事件
・尖閣沖漁船衝突事件に係る情報漏えい事件

この内、国家秘密の漏洩で実刑とされたのはボガチョンコフ事件1件のみであり、しかも、その後、秘密情報の取扱に関する運用改善や、自衛隊法改正による防衛秘密制度の設置等の対策が既になされている。すなわち特定秘密保護法は立法事実としては根拠が極めて薄い法案である。日本弁護士連合会は「特定秘密保護法の廃止を求める意見書」を取りまとめ、14年９月22日付で内閣総理大臣、法務大臣、衆議院議長及び参議院議長に提出している。

このように特定秘密保護法は、安全保障上の秘密の漏洩を防ぐものとされるが、政府や戦争国家づくり推進勢力とって都合の悪いことを国民から隠す法律である。そもそもこの法律は「何が秘密であるのかわからない」という空恐ろしい法律である。これは裁判においても同様で、「何が特定秘密かは非公開」という状況で、何が原因で裁かれているのかわからないまま裁かれる、という事態になりかねない。また、特定秘密を漏洩させた側が裁かれるのか、それを知った側が裁かれるのかなど、重要な部分に多くの疑問点を残している。

「特定秘密保護法」は実態が曖昧で不明確な法案であるだけに、恣意的に運用される可能性があり、自主規制や業界の萎縮などが強まる可能性がある。その特定秘密の総件数は14年12月３８２件（防衛省２４７、内閣官房49、警察庁18、外務省35、公安調査庁10）だったが、23年12月７５１件（それぞれ４２９、１１６、55、44、34）と、ここ10年で倍増している（ネット番組「半田滋の眼97」24年２月22日）。

共謀罪（17年）

いわゆる「共謀罪」法（テロ等組織犯罪準備罪）は、暴力団など組織的なグループの犯罪やテロ対策を名目に、組織的犯罪集団の2人以上が犯罪を計画し、実行に向けた「準備行為」があったときに処罰できるとされる。この法律は特定秘密保護法と同様、極めて恣意的に運用される危険をはらんでいる。

「本当に一般の人も対象にならないのか不明確」「メールやラインが監視されるリスクが高まる」「実際の犯罪行為がなくても計画だけで処罰するのは、憲法違反の立法だ」「テロ対策が必要なら個別に法整備をやればいい」「集会やデモなど参政権の行使を過度に抑制する副作用のおそれ」という批判が弁護士会や野党から相次いだ。

刑事罰が実際に犯した犯罪事実に対して科されるのに対して、「共謀罪」法は犯罪を犯す前の計画や相談、準備の段階で処罰される点で決定的な違いがある。実際に犯罪が行われる前の段階で処罰するものだから、その動きを証拠化するには当然に監視が必要となる。警察は集会にスパイを潜入させて録音・録画するだろうし、行動を把握するためにGPS（全地球測位システム）を使うだろう。すでに総務省のガイドライン改正（15年）により、捜査機関は携帯電話事業者から特定人の位置情報を本人に通知することなく取得することができるようになっている。

14年7月24日付朝日新聞は、岐阜県大垣市で風力発電施設の建設計画をめぐり、大垣警察署が市民運動家の個人情報を企業側に漏らしていたと報じた。弁護士法人ぎふコラボ事務所の山田秀樹弁護士は「岐阜県警による市民運動の不当な調査・監視活動に抗議する」で次のように述べている。

風力発電事業に反対する上石津町住民らの運動は、同事業によって生ずる様々な問題を懸念するがための運動であって、憲法が保障する言論の自由、結社の自由及び幸福追求権の行使として高度に保障されるべきものである。その運動は地元自治会を中心に取り組まれており、風力発電の勉強会を開催したり、大垣市に対し陳情を行ったりするといったごく穏当なものであって、何ら反社会的な傾向はない。

しかるに、警察が漏らした情報には、個人の病歴、過去の政治的活動歴、弁護士に相談した事実など、通常の方法では入手できない詳細な経歴や私生活上の事実が含まれている。こうした入手困難な情報を有していたということは、警察が関係者の身辺を調査し、彼らの行状を監視していたことを窺わせる。しかも、警察は「意見交換」の場で、「平穏な大垣市を維持したい」、「全国に（運動が）広がっていくことを懸念している」とか、関係者らのことを「やっかいな人物」であるなど、あたかも市民運動を展開する関係者らが公共の秩序を乱す存在であるかのごとき言辞を用いて、彼らに対する敵意を示している。

市民運動にとって警察権力から敵意を向けられ、監視・調査の対象とされること自体、重大な委縮効果を生じるものである。しかも警察は現に市民運動を抑圧する目的で調査及び情報漏えいを行っており、甚だしい人権侵害を行っている。これは、悪質な市民運動つぶしでありこのような行為を警察が行うことは断じて許されない（山田秀樹「抗議する」第2節）。

ここまで詳細に市民を監視活動していながら、それでも警察庁は「通常の警察業務」と国会で答弁した。この事案は「共謀罪」法成立以前のことだったが、「共謀罪」法の成立によってこのような秘密警察的活動が強まる恐れが十分ある。怖いのは、警察が日常的に市民の個人情報を収集していることに影響を受けてしまうことだ。「反対運動は危ない」「近づくのはやめよう」となりかねない。「共謀罪」法には、ある人たちを「異質だ」と切り捨てる風潮を助長させる効果がある。

なお、大垣警察署警備課（公安警察）の情報提供は一審で違法と断罪されたが、控訴審が続いている。

「共謀罪」法の問題点は「心の内」が処罰の対象になり、「心の内」さえ処罰し、権力への異議申し立てを認めないことである。起訴されることではなく、監視されそれらがすべて記録されることが怖い。人間にとって、何を考えるのか、誰と何を話すのか、何をどう表現するのか、どんな趣味を持つのか、どんな本を読みどんな考えを持つかは基本的権利であり、生きている証しである。「共謀罪」法はそこへ土足で踏み込むものだ。

確かにいまの時代、政府に批判的発言をしたからと言って即警察に捕まり、自由を拘束されるということはあり得ないだろう。しかし監視カメラが捉えた群衆の中に顔認証システムで個人が特定できる現代の情報収集技術の下で、もっと巧妙なアプローチで、権力が背後から忍び寄ってきていることだ。「×月×日にあなたはデモに行っていたでしょう?」となる。次第に、国民が自分の意見を表明することを控えるようになりはしまいか。メールやX(旧ツイッター)、ＬＩＮＥなどのＳＮＳでも、あまり好き放題言わない方がいい。例えば、就職活動のときに「あなたは反政府デモに参加していましたね。うちでは採用できません」と会社側から言われるかもしれない。国民の日常生活が監視されこうして自由な表現が萎縮することこそ怖いものはない。

荻野富士夫小樽商科大学教授は「新たな法律の制定においては運用側の限定解釈に期待をかけるよりも、法律の条文そのものを客観的に評価することの重要性を強調する」として次のように語っている。

治安維持法は条文の中に「国体の変革」「目的遂行」などの語句が組み入れられることで、その後の運用において弾力的に使われるような曖昧性、どのようにも拡大解釈できるような茫漠性を持っていたといえます。ここから一つの教訓を引き出すとすれば、現在の法律や法案の中にもそういう拡大解釈されるような語句がないか確認することの重要性が挙げられるでしょう。……おそらく治安維持法の立法者もその後の適用拡大を予想していなかったのではないか（「証言　治安維持法」ＮＨＫ「ＥＴＶ特集」取材班／ＮＨＫ出版）。

この指摘は極めて重要だ。法律は一度、権力による拡大解釈の懸念が残されたまま成立してしまうと、時代や政治状況によって当初の思惑を離れ、まったく違う対象にも適用されてしまうことを示している。拡大解釈される余地が十分ある「共謀罪」法が現在の治安維持法と言われるのはここに根拠がある。
荻野教授が大学を退職するにあたって受けたインタビューで、「共謀罪」の趣旨を盛り込んだ、改正組織的犯罪処罰法について治安維持法との類似点を指摘している。

「戦前・戦中とは時代が違う」と反論する人がいますが、果たしてどうでしょうか。治安維持法は、天皇を中心とする体制の変革と私有財産制度の否定を目的とする結社や加入を禁止した法律です。1925年の成立時には市民も新聞も反対しましたが、3年後の改正で拡大解釈につながる「目的遂行罪」が加わり、特高警察が傍若無人に振る舞いました。41年の改正時には反対の声は皆無で、適用対象はさらに広がりました。
治安維持法は「希代の悪法」として定着し、今の時代に復活させることはできません。「共謀罪」は健全な市民運動や労働運動には適用しないという建前ですが、例えば「テロ集団に変わった」と判断するのは運用する側で、恣《し》意《い》的に都合の悪いものを取り締まることもできます。治安維持法と同じように、運用の危険性は共通しているのです（「朝日新聞デジタル」18年3月5日「『共謀罪』と治安維持法、運用の危険性共通」）。

治安維持法は、「『国体』つまり天皇制を変革することや、『私有財産制度』つまり資本主義を否認することを目的として、政党などの継続的な団体である『結社』を作った者、あるいはその結社の目的を知っていながらそこに加入した者は、十年以下の懲役または禁錮に処される」（NHK「ETV特集「証言　治安維持法」）ものだった。

しかし荻野氏は治安維持法が改正され「目的遂行罪」が加わったことにより、治安維持法の適用拡大をもたらす、梃子《てこ》のような役割を果たすことになったと指摘する。「目的遂行罪は、改正当初の段階では、共産党の党員ではないけれども党の状況をよくわかっており、共産党の指示を受けたり、協力を求められたりする形で何か具体的な行動をする者の行為を取り締まるものとされていました。けれどもその後、直接、共産党からの指示がなくても、たとえば共産党に近い外郭団体が、プロレタリア文学【労働者が直面する厳しい現実を描いた文学】運動などの行為だけでも目的遂行罪に問われるようになります」（「証言　治安維持法」同前）。

治安維持法による弾圧は、「加入」した者から「協力」した者に、さらに思想そのものを捨てさせる「転向政策」に拡大されていく。治安維持法による取り締まりにあたった特高警察は、厳しい拷問によって「思想」の放棄＝転向をはかる。治安維持法が施行されて10年がたった1935年、共産党の幹部だった袴田里見中央委員が検挙され、共産党は事実上壊滅してしまう。しかし戦時体制が強化されていく中で、「思想」そのものがない外郭団体の構成員や協力者にも、「国家が認定する日本精神にそぐわない者として、より厳しく対処することになったのです。新たな取り締まり対象を見つけ出す。治安維持法の適用拡大がより加速したのだと思います」（同前）。

放送法「政治的公平」条項の解釈変更（14年〜15年）

総務省は放送法の解釈を巡って当時の安倍首相官邸と総務省とのやり取りを記した「内部文書」（14〜15年）すべてを「行政文書」と認めた。総務省は放送事業を監督する省庁である。この行政文書には、安倍内閣の磯崎洋輔首相補佐官（当時）が特定の番組を問題視しつつ、同省に放送法第4条の政治的公平の解釈変更を迫る経過が詳しく記されており、事実であることを認めたわけだ。従来の政府解釈は、一つの番組でなく放送事業者の番組全体で政治的公平が保たれているかどうか判断するというものだった。

ところが磯崎氏と総務省とのやり取りを経て、当時の高市早苗総務相は、「内部文書」の内容に沿う形で「一つの番組でも判断できる」として「電波停止もありうる」と国会答弁した（15年5月12日）。ちなみに政府の判断で電波停止の権限を有しているのは、主要7カ国（G7）では日本だけである。重要な問題点をはらんだテーマを扱う番組の場合、「政治的公平」を保とうとすれば掘り下げ足りないケースが出てくる。掘り下げようとすると政府与党側に批判的内容になるが、別の番組でバランスを取れていれば「政治的公平」が保たれていると解釈されてきた。それを避けるために一つの番組ではなく、その放送事業者が提供する番組全体を通して「政治的公平」が保たれているかどうか判断する解釈をとってきた。なのになぜ安倍官邸が総務省に「政治的公平」の解釈変更を迫ったのか。自分たちの意に沿わない番組に「政治的公平に欠ける。電波停止もありうるぞ」と圧力をかけるためだ。

安倍官邸が総務省に解釈変更を迫っていた14〜15年の時期は、それまで歴代政権が踏襲してきた専守防衛から、憲法９条の下でも集団的自衛権が行使できると閣議決定（14年７月１日）し、その法律的裏付けである一連の安保法制を強行成立（15年９月19日）させた時期に当たる。憲法９条を骨抜きにするこの閣議決定と集団的自衛権行使を法制化する動きに、70年安保闘争以来といわれるほどに、連日安保法制に反対する集会が開かれ、国会を取り巻くデモが繰り広げられていた。この時期に解釈変更が官邸主導で行われたことは、当時国論を二分していた安保法制をめぐり反対の声を抑え込む意図だったことは明白である。

官邸が常時監視番組

安倍政権下では、特に影響力の大きいテレビ番組に対して徹底したメディア対策が取られた。16年３月、ＮＨＫ「クローズアップ現代」国谷裕子、ＴＢＳ「ＮＥＷＳ23」岸井成格、そしてテレビ朝日「報道ステーション」の古舘伊知郎ら報道番組の看板キャスターが相次いで降板した。時の政権に辛口だったこれらの諸氏が相次いで降板したのは偶然ではない。

こうした放送法の「政治的公平」をめぐる解釈変更とメディアへの圧力が加えられてから後年のことになるが、官邸がテレビ番組を詳細に監視していたことが明らかになった。開示された文書は大別して２種類の「報道番組の概要」と「新型コロナウイルス関連報道振り」。Ａ４判で７００枚にのぼり、安倍晋三首相（当時）がコロナ対策として関係省庁にもはからず突然「一斉休校」を要請した直後の20年３月１日から16日までである（「しんぶん赤旗」20年10月22日）。

常時監視の対象とされていたのは、平日の７番組（ＴＢＳ系「ひるおび！」、日本系「ミヤネ屋」（読売テレビ制作）、日本系「スッキリ」、朝日系「羽鳥慎一モーニングショー」、フジ系「とくダネ！」、朝日系「報道ステーション」、TBS系「NEWS23」と、土日の4番組（TBS系「サンデーモーニング」、朝日系「サンデーステーション」、NHK「日曜討論」、日本系「ウェークアップ！ぷらす」読売テレビ制作）。平日の日中の番組記録は同日中に提出され、平日夜の番組は翌日、土日の番組は月曜に提出されていた。

「報道番組の概要」に記載されているのは、分刻みの放送時間、ニュースの見出し、出演者の発言。「一斉休校」「休業補償」など、政府の方針にかかわるテーマが話し合われた時に、〝テープ起こし〟をしたと思えるほど詳細に記録されている。

閣僚や与党の重要議員、各党出席の討論番組などは〝全文起こし〟されている。VTRのナレーションやアナウンサーの発言も含め、徹底した監視ぶりである。こういう徹底したテレビ番組の監視がいつから行われていたか明らかにされていないが、放送法の解釈変更とメディアに圧力がかけられた頃に行われた可能性もある。

日本学術会議会員任命拒否（20年）、学術会議法改正の動き（23年）

20年9月菅義偉首相は、日本学術会議が推薦した会員候補のうち6人を任命しなかった。現行の任命制度になった04年以降、日本学術会議が推薦した候補を政府が任命しなかったのは初めてのことである。日本学術会議が推薦した新会員候補者のうち任命されなかったのは、芦名定道（キリスト教学者・京都大学大学院文学研究科教授）、宇野重規（政治学者・東京大学社会科学研究所教授）、岡田正則（法学者・早稲田大学大学院法務研究科教授）、小澤隆一（憲法学者・東京慈恵会医科大学教授）、加藤陽子（歴史学者・東京大学教授）、松宮孝明（法学者・立命館大学法務研究科教授）の６人である。６人は安全保障関連法や特定秘密保護法、普天間基地移設問題などで政府の方針に異論を唱えてきた共通点がある。

菅首相は任命拒否の理由を「総合的・俯瞰的な判断」と繰り返し述べるのみで、個々人のどこが問題だったのか具体的な答弁を拒否。６人が例外なく安保法制や特定秘密保護法、「共謀罪」法案などの安倍政権下の政策に異議を唱えた人物であることから、政権批判を問題視したのは明らかである。

その後「民間出身者や若手が少なく、出身や大学に偏りが見られることを踏まえ、多様性が大事ということを念頭に私が判断した」と国会答弁するようになったが、任命拒否された６人は、学術会議の第２部（生命科学）、第３部（理学・工学）のいわゆる理系の分野には一人もおらず、多少なりとも思想に関わらざるを得ない人文科学・社会科学者ばかりである。「多様性を重視した」というが、任命拒否された６人の中にも女性が１人、東京慈恵会医科大学や立命館大学など、現会員で一人しか所属していないような私立大学の学者も含まれることから全く当たらない。梶田隆章会長は23年９月末で３年間の任期を終えるにあたって、「激動の期」と振り返り、「任命問題の解決を望む」と改めて述べている。

梶田隆章会長前任の山極壽一氏（総合地球環境学研究所所長）も、「なぜ、今回に限って菅首相は６人を任命しなかったのか。なぜ、理由を述べることをかたくなに拒否するのか。任命しないのは日本学術会議法に違反するし、理由を述べないのは民主主義に反する。国の最高権力者が『意に沿わないものは理由なく切る』と言い出したら、国中にその空気が広がる。あちこちで同じことが起き、民主的に人を選ぶことができなくなり、権威に忖度（そんたく）する傾向が強まる。それは着実に全体主義国家への階段を上っていくことになる」（「朝日新聞デジタル」20年10月22日）と述べている。

日本学術会議は第二次世界大戦中に科学と学問が国家の戦争政策に動員されたことに対する深い反省を出発点に、「我が国の平和的復興と人類の福祉増進のために貢献」（「日本学術会議の発足にあたって科学者としての決意表明（声明）」１９４９年１月22日）することを目的として設立された。

声明で「強く反省」と述べられている代表的な事例として、いわゆる「七三一部隊」や原子爆弾開発計画がある。七三一部隊とは正式名称を「関東軍防疫給水部本部」といい、陸軍軍医学校を中核として、日中戦争の時期に満州において兵士の感染症予防や衛生的な給水体制の研究に携わるとともに、細菌戦に使用する生物兵器の研究・開発を行った機関で、その開発のために中国人捕虜を利用して人体実験を行った。

原子爆弾開発計画は、第二次世界大戦中に陸軍と海軍によって進められた二つの計画があった。その一つ「二号研究」は陸軍のもとで理化学研究所の仁科芳雄博士のグループによって行われた開発である。仁科はウランの分離によって原子爆弾が作れる可能性を見出していたが、１９４５年の空襲によって理化学研究所の建物が焼失し、開発が中止された。

この二つの事例からも明らかなように戦前の科学者・研究者は「戦争」という国策に否応なく組み込まれていた。戦争終結がもっと遅れていたら細菌兵器や原爆などの大量殺戮兵器の完成までやらされていたかもしれない。だからこそ日本学術会議法第３条は、「日本学術会議は、独立して左の職務を行う。一科学に関する重要事項を審議し、その実現を図ること。二科学に関する研究の連絡を図り、その能率を向上させること」と規定している。「独立して」とは、日本学術会議がたとえ内閣府の所管する機関であっても、その組織と活動は政府から独立して行うという意味である。

この学術会議法に照らしていえば、任命拒否は学術会議が「独立して行う」組織と活動への侵害であり、「学問の自由への政治介入」だった。しかし岸田政権は任命拒否の解明ではなく、日本学術会議の独立性を壊す重大な学術会議法の改悪を企てていく。学術会議の所轄官庁である内閣府が法改定で検討しているのは、学術会議会員の選考諮問委員会を新設し、学術会議の会員、連携会員以外で構成し、会員候補の選考プロセスや内容について意見を述べることができ、学術会議はそれを尊重しなければならないというもの。しかも、学術会議が選考諮問委員会の意見と異なる選考を行った場合は、それを口実に首相が任命を拒むことにつながる。任命拒否を正当化する仕組みであり、学術会議が自立的に決めていた会員選考に外部から介入できる仕組みを作ろうとするものだ。この点について野党の追及に対して岸田首相は、政府による介入の危険性についての答弁を避け、「選考プロセスの透明化を図る」ためと繰り返すのみである。

こうした政府の動きに対し、400を超える学会・団体や日本弁護士連合会から声明が上がり、学術会議の歴代会長5氏が、首相に対して学術会議の「独立性および自主性の尊重と擁護を求める声明」を発表し、学術会議の独立性を守るよう求める声が大きく広がる。こうした動きには岸田政権は今回の学術会議法改正案の上程を一旦断念に追い込まれた。

6人の会員任命拒否と日本学術会議法改正の狙いはどこにあるのか。改定安保三文書の具体化である「防衛財源確保法案」や「防衛産業基盤強化法案」が、23年通常国会で相次いで強行された。学術会議法改定の動きは、これと一体の関係にある。三文書には「安全保障分野における政府と企業・学術界との実践的な連携の強化を進める」と軍・学共同の推進が明確に打ち出されている。軍・学共同の推進には軍事研究に一貫して反対してきた日本学術会議の存在が邪魔であり、日本学術会議を政府言いなりのアカデミズムに変えようというのが真の狙いである。学術会議法の改定が無理と見るや、学術会議担当の後藤成之経済再生担当相（当時）は「民間法人とする案を俎上に乗せ、再度議論を進めたい」と述べるようになる。

「民間法人」にする動きは早い。8月には内閣府のもとに「日本学術会議の在り方に関する有識者懇談会」が設置され、学術会議を「国とは別の法人格を有する組織にすることが望ましい」とする中間報告を踏まえ、内閣府は12月22日方針「日本学術会議の法人化に向けて」を決定している。

方針「法人化に向けて」は、法人化によって学術会議の独立性を脅かす仕組みを求めている。主務大臣が任命する外部有識者による学術会議評価委員会や監事を新たに設置し、中期計画の策定に評価委員会の意見を聞き、その執行状況の評価をうけることや、業務・財務の監査をうけることを義務づけている。学術会議の活動を政府の方針によって制約するものだ。また、学術会議の会員選考に意見をのべる選考助言委員会や、運営の重要事項に意見をのべる運営助言委員会の設置も義務づけ、何重にも学術会議の独立性を損なうものだ。

「新しい戦前」は学術、研究分野にもしのび寄っている。

政治介入を強める国立大学法人法の改悪案

岸田政権は23年通常国会での日本学術会議改悪の画策に続いて、国立大学への政治介入を強める国立大学法人法の改悪法案の提出を狙っている。一定規模以上の大学に新たな〃合議体〃（委員は学長のほか３人以上）の設置を義務づけ、この〃合議体〃の委員の半数以上は大学外の人物とすることが「適当」とされる。委員は文科相の承認を得て学長が任命するとしており、大学の人選を政府が拒むことも可能な仕組みだ。選定を政府の承認事項にする構想である。この〃合議体〃は事実上の最高意思決定機関として学内の予算配分や学長選考に強大な権限を持つことになる（「しんぶん赤旗」23年10月25日）。

04年国立大学の法人化を契機に、大学自治の主要な担い手となってきた教授会の形骸化と学長への権限集中が政府主導で進められたものの、現在も教育・研究に関することは各学部の代表らが参加する「教育研究評議会」に諮られ、最終的に学長と理事で構成する「役員会」の議論を経なければ決められない。理事の任命に政府は関与できない。

現在役員会が持つ教育・研究方針、経営方針、予算編成などに関する審議権と、学長の最終決定権は合議体に移され、合議体は学長選考にも意見表明の権限が与えられる。

今回の国立大学法人法改悪案は、学術研究の中心である大学の最高意思決定機関の委員選定に政府が直接関与し、政府の息のかかった少数の人物による大学支配に道を開くものであり、国大法改悪を学術会議法改悪へとつなげる思惑も透けて見える。

池内了名古屋大学名誉教授（軍学共同反対連絡会共同代表）は、国立大学法人法の改悪の狙いを次のように語る。

岸田政権の狙いは、国立大学を政府の言いなりになる〝国策大学〟に変えることです。政府が重視する経済安全保障や「成長戦略」に沿って、国を富ませるための研究に大学が率先して取り組むようにする――。国立大学を使った新しい形の「富国強兵」策です。合議体の設置の有無で大学への交付金に差をつけることにもなるでしょう。国の言いなりになる大学や研究分野は潤うが、それ以外は貧困なままで、学術全体としては悲惨な状況になっていくことが憂慮されます（「しんぶん赤旗」23年10月25日）。

国の言いなりの安上がり、稼げる大学を目指すものであり、大学を軍事研究推進に組み込もうというものだ。岸田政権は広範な反対世論で日本学術会議法の改悪案を引っ込めたものの、民間法人化し学術会議の独立性を奪う一方で、新たに持ち出そうとしている国立大学法人法改悪案は「富国強兵」の「戦争する国家づくり」であり、学術会議法改悪へつなげ、何が何でも大学を軍事研究に組み込もうとするものだ。

おわりに

戦争準備は防げる　今なら間に合う

これまでみてきたように、第一次安倍政権以降一連の戦争国家づくりが着々と進められてきている。しかし最大の戦争国家づくりである改憲、とりわけ憲法９条の改憲を許していない。なるほど憲法改正手続きの前提条件となる国民投票法（07年）は成立しているし、自民党は自民党改憲草案（12年）を発表し、自民党改憲条文イメージ４項目（18年）も打ち出し、改憲のムードを広げようとしてきた。集団的自衛権行使の法制化である一連の安保法制の強行を許してもいる。憲法９条のもとで集団的自衛権行使や敵基地攻撃保有を合憲とするにはもう限界点を超えてしまっている。憲法違反は明々白々である。だからこそ「戦争国家づくり」推進勢力が明文改憲にこだわっている理由はここにある。

改憲勢力は総力を挙げてくるだろう。その一つがウクライナ危機を利用して〝台湾有事〟を煽っていることだ。しかし「新しい戦前」という言葉が市民権を得るほどに広がっている。ここに改憲勢力と憲法９条とのせめぎ合いがある。

これまで触れてきたことだが、戦争を起こしてはならず、攻めることはもちろん、憲法９条を生かし、命がけで外交を尽くして攻められない国づくりこそが大切であることを確認したい。現代の戦争には勝者もなければ敗者もいない。電子・デジタル技術の粋を集めたミサイルが飛び交い、双方が戦場になり甚大な被害と犠牲者を生むからだ。20世紀以降で言えば戦争当事国が戦場にならなかったのはアメリカだけぐらいだろうが、今日の軍事技術のもとではアメリカとて安全とは言えない。

ところがロシアのウクライナ侵略の怖さを見せつけられ、中国脅威論や〝台湾有事〟を煽り、抗戦を辞さない覚悟と準備が必要だとする意見が幅を利かせ、敵基地攻撃能力保有や大軍拡を容認する世論は決して小さくない。纐纈厚氏は前掲書で、ウクライナ侵攻以来、ドイツでは国防費GDP比2パーセント以上の引き上げ、徴兵制復活、ロシアからの石油輸入禁止、ウクライナへの武器供与への賛成が反対を上回っている（『朝日新聞』22年4月29日「ドイツの平和主義は『現実的』」）とする、庄司純一郎防衛研究所主任研究官の記事を紹介している。ドイツは、場合によっては武力による平和創出を念頭に据えた「現実的平和主義」を採用しているという。

安倍晋三元首相は在任中武力行使を排除しない「積極的平和主義」を唱えた。その具体的内容は不明だが、90～91年、イラクがクウェートに侵攻した際に米軍を中心とする多国籍軍が対処した湾岸戦争で、日本は財政支援のみで、世論をおもんばかって自衛隊を派兵しなかった。安倍氏にしてみれば自衛隊を派遣できず軍事的貢献ができないことが不満だったことは確かである。そこで憲法と9条を敵視する安倍晋三氏はそれまでの日本の安全保障政策を「一国平和主義」あるいは「消極的平和主義」と呼び、それからの転換、つまり武力行使を伴う自衛隊を海外派遣する「積極的平和主義」を唱えた。平和の名を冠して武力を構える点において「現実的平和主義」も「積極的平和主義」も同根である。こういう議論が極めて危ない。武力を構えて平和を守るという方が現実的という「積極的平和主義」には、憲法9条で平和を守るというのは理想に過ぎないという敵意が込められている。

プロイセン王国の陸軍軍人、軍事学者のクラウゼヴィッツが残した有名な言葉「戦争は政治の延長」は、言い換えれば戦争は外交の行き詰まり、失敗の延長とも言える。だから戦争や侵略がそれまでの経過や理由もなく突然仕掛けられることはないと言っていい。ウクライナ東部のドンバス地方2州にはロシア系住民が40パーセント住んでいると言われ、この地方の領有をめぐって長い争いの歴史、政治問題が絡んでいる。ドンバス地方は14年から内戦状態にあった。ウクライナ政府が現地で「ロシア語の使用を制限」したことがきっかけになったと言われる。そういう延長線上に今回のロシアのウクライナ侵略がある。加えてゼレンスキーがＮＡＴＯに加盟する意向を示しており、ウクライナの加盟が実現しＮＡＴＯ軍が配置されるようになればウクライナ東部からモスクワまで至近距離になる。プーチンはウクライナにＮＡＴＯ軍のミサイルが配備されればモスクワがその脅威にさらされると演説している（21年12月21日）。ウクライナのＮＡＴＯ加盟への動きにロシアが危機感を強めたこともウクライナ侵略の背景にあるだろう。

筆者はだからと言ってロシアのウクライナ侵略をやむ得ないとか正当化しようというのでは決してない。戦争は政治の延長であり、中国が日本を攻撃してくるような、日中間に差し迫った懸案事項はないということを強調したい。「日本国内に中国語を母国語のように話す親中国系住民が何百人もいる地域があるわけでもなく、かつて中国の領土であった土地があるわけではありません」「中国の人権問題や一党独裁制への疑義があったとしても、そこから侵略の可能性を引き出すのは無理があります」（纐纈厚・前掲書）。付け加えれば東シナ海での中国の現状変更の動きも、日中間の差し迫った懸案事項ではない。「台湾問題」はあくまで中国の内政問題である。日中間で戦争が起きる場合があるとすれば、これまで触れてきたように中国の内政問題である台湾問題にアメリカが介入する場合だ。在日米軍基地の7割が集中する沖縄本島から出撃すればその基地が狙われて〝台湾有事〟は日本有事になるし、政府が「存立危機事態」と判断し、米軍と一体で自衛隊が軍事行動を供にすれば日本有事になる。

なのに中国脅威論や〝台湾有事〟が煽られているのは、戦争国家づくり推進勢力が大軍拡の方向に流し込もうとするプロパガンダ（政治宣伝）であることを、冷静に読み解く必要がある。くどいようだが再び池田香代子さんが紹介した、ヘルマン・ゲーリングの言葉「戦争をしたがる国民はいない。けれどその国民を好戦的にするのは簡単だ。敵が攻めてくると言えばいいんだ」を思い起こしたい。

「大坂夏の陣図屏風～戦国のゲルニカ」

本稿執筆中に筆者は元大阪城天守閣館長・渡辺武氏の講演「『大坂夏の陣図屏風～戦国のゲルニカ』を読み解く」を聴く機会に恵まれた。「大坂夏の陣図屏風」は福岡藩主黒田長政が大坂夏の陣の戦後家臣に命じ、絵師集団によって描かれたという黒田家の伝承があり、1958年に黒田家から直接大阪城天守閣に譲られたものだ。なぜこの屏風図がピカソの「ゲルニカ」なのか。

この「大坂夏の陣図屏風」に描かれているのは慶長20年（元和元年、1615年）5月7日（旧暦）決戦当日の半日ほどに限られている。そこには5071人もの人物が米粒大の大きさに一人ひとり細密に描かれている。徳川方の武将がもちろん描かれているが、特定の武将の猛者ぶりを讃えるものではない。徳川方の武将が豊臣方敗走兵の追い首を取る、残虐な様がリアルに描かれている。また燃え上がる大阪城天守閣の窓から泣き叫ぶ侍女たち、また城内から逃げ出す武将や侍女、市井の民が着の身着のまま戦禍を逃れる様、徳川方の略奪や強姦する様もリアルに描き込まれている。

この地獄絵がなぜ描かれたのか。渡辺武氏は「戦国の合戦図屏風は数々あるが、基本的に他のすべてが勝者の合戦の場面を美化して記録する性格が強い中にあって、この屏風絵の注文主はそれに飽き足らず、どうしてもこの大戦の地獄の真実を描かずにはおれないほど強い衝撃を受けたとしか考えられない」「豊臣方への憐憫《れんびん》を誘おうというものでもない。豊臣・徳川双方で数万人の死者、多数の市井の民を巻き込んだ戦争を2度と起こしてはならないというメッセージが込められているのでは」と語る。

いうまでもなくピカソの「ゲルニカ」は、ナチスによるスペイン・ゲルニカ村への無差別空爆を告発した反戦画である。渡辺氏は「侵略戦争に対する怒りと悲しみを告発する絵画としての説得力において、『大坂夏の陣図屏風』も決してこれに劣らない」と力説した。

「新しい戦前」の動きにストップをかけ、戦争を起こさせないために何が大切だろうか？「大坂夏の陣図屏風」が「ゲルニカ」に劣らないほどに説得力を持っているのは、渡辺武氏がいうように戦闘の悲惨さをリアルに告発しているからだ。その伝で言えば「新しい戦前」がどこまで来ているのか、その悍《おぞ》ましさを告発することではないかと思うようになったことも本書の執筆の背中を押し続けた。

本書執筆にあたっては、藤井幸子さんに大変お世話になった。原稿に目を通して意見を寄せていただき、新たな資料を寄せてもらった。また日本共産党八尾市会議員団から多くの資料を提供していただいた。記してお礼申し上げる。

私事にわたることになるが、我が母は筆者が物心ついた頃から「戦争だけはあかん」と口うるさいほどに言い続けた。母の青春は軍国主義と戦争の真っただ中だった。筆者が高校生になってもそう言われることに鬱陶しくなり、当時の物言えぬ世相だったことを知る由も想像することもできなかった、未熟な筆者は「だったらどうして戦争に反対しなかったのか」と毒づいた。「とても反対できるような世相ではなかった」ともの悲しげにポツリ漏らした、遠い日の母を想い出す。

そういう体験があっただけに亡き母への贖罪を込めながら本書を執筆した。本書を亡き母・ユリ子に捧げる。

2024年3月末日

【著者紹介】
渡辺　国男（わたなべ　くにお）
1945年、福井市生まれ。大阪府在住。
ノンフィクションライター。
［著書］
『肺がんステージⅣ 山好き女の挑戦』（新日本出版社、2017年）
『ドキュメント「森友事件の真相」』（日本機関紙出版センター、2020年）
『山旅ときめき紀行』（同、2021年）
『安倍晋三元首相銃撃事件の深層』（同、2023年）

しのび寄る「新しい戦前」
ここまで来ている戦争準備

2024年6月20日　初版第1刷発行

著　者　渡辺国男
発行者　坂手崇保
発行所　日本機関紙出版センター
〒553-0006　大阪市福島区吉野3-2-35
TEL 06-6465-1254　FAX 06-6465-1255
http://kikanshi-book.com/
hon@nike.eonet.ne.jp
本文組版　Third
編　集　丸尾忠義
印刷・製本　シナノパブリッシングプレス

ISBN978-4-88900-292-8